中国旅游饭店业协会推荐

跟我学饭店管理

GOUTONG JIQIAO
沟通技巧

（第3版）

旅游行业培训教材研发中心组织编写

汝勇健 ○ 编著

▶ 饭店管理宝典
▶ 行业培训指南

北京·旅游教育出版社

策　　划：景晓莉

责任编辑：景晓莉

图书在版编目（CIP）数据

沟通技巧 / 汝勇健编著. -- 3版. -- 北京：旅游教育出版社，2019.3（2021.8）
　　ISBN 978-7-5637-3894-6

Ⅰ．①沟… Ⅱ．①汝… Ⅲ．①饭店－公共关系学 Ⅳ．①F719.2

中国版本图书馆CIP数据核字(2019)第032323号

沟通技巧

（第3版）

汝勇健　编著

出版单位	旅游教育出版社
地　　址	北京市朝阳区定福庄南里1号
邮　　编	100024
发行电话	（010）65778403　65728372　65767462（传真）
本社网址	www.tepcb.com
E - mail	tepfx@163.com
排版单位	北京旅教文化传播有限公司
印刷单位	北京市泰锐印刷有限责任公司
经销单位	新华书店
开　　本	710毫米×1000毫米　1/16
印　　张	9.75
字　　数	150千字
版　　次	2019年3月第3版
印　　次	2021年8月第4次印刷
定　　价	30.00元

（图书如有装订差错请与发行部联系）

第3版说明

饭店督导层管理人员是饭店管理体系的"兵头将尾",其工作和管理状况对饭店的服务或生产水平起着决定性作用。他们担负着更多的职责,被期待着在解决问题、激励员工和改进员工工作表现等方面能够具有独到见解。领班主管这一岗位在饭店的重要性,使得对这一层次员工的培训显得尤为重要。

目前,我国适用于饭店业督导培训的教材还是一个空白点。为推动旅游饭店职业培训工作,提高培训质量,在中国旅游饭店业协会的大力倡导下,在全国各旅游学校及饭店业的积极参与下,我们成立了旅游行业培训教材研发中心,对涉及饭店业督导岗位的知识模块、技能要求、操作技巧等进行了详细论证和研究,组织业内专家编写了本书。

与同类出版物相比,本书具有以下特点:

1. 实用性和针对性强

传统培训教材其内容囿于岗位操作技能、专业知识和企业文化等方面,并未突破原来"一维培训"的做法。而本书向"多维培训"的方向发展,把工作技巧、创新思维、潜能开发、团队精神、压力管理等纳入饭店基层管理人员的培训中,使管理人员真正学会如何学习、如何工作、如何生活,从而实现饭店培训内涵的升级、换代。

2. 讲求知识的系统性

本书围绕饭店督导层人员应具备哪些素质、应掌握哪些技能,以及如何运用这些技能展开写作,力求提供给读者一个素质养成和技能强化的系统化方案。

3. 为饭店基层管理人员的可持续发展进行知识储备

本书特别强调员工创造力的培训,并关注未来旅游企业发展要求员工掌握新兴技能的要求,将上述技能要求、自我能力评估等内容融入了教材的编写中。

本书既可供各旅游企业、各地旅游培训部门对饭店中层管理人员进行岗前培训或在岗培训，也可供旅游企业各员工在参加考核前自学，同时也是各旅游职业学校学生就业培训的良师益友。

《沟通技巧》一书出版后，得到了广大读者及酒店业同行的厚爱，反馈了不少信息与建议。

第2版的特点是：

第一，增加了部分案例，使内容更为丰厚、更具有说服力。

第二，与时俱进，增加了与90后新生代员工沟通的相关内容。

第三，贴近实际，调整了部分内容，增加了班前会的召开等内容。

第四，对文字进行了整体梳理，使文字表达更为顺畅。

第3版的特点是：

第一，贴近实际，改写了客户关系的相关内容。

第二，更新案例，使案例更为丰厚、更具有参考价值。

第三，与时俱进，增加了网络沟通及服务接触点（MOT关键时刻）的相关内容。

旅游教育出版社

目 录

学前能力自测 ··· 1

单元一　沟通的基本原理 ··· 4
　学习目标 ··· 4
　学习内容 ··· 4
　一、沟通的定义 ··· 4
　二、沟通的过程 ··· 5
　三、沟通视窗及运用技巧 ·· 12
　四、有效沟通的障碍 ·· 14
　五、网络沟通 ·· 17
　问答题 ·· 19
　判断题 ·· 19
　小组练习 ·· 20
　案例分析 ·· 20

单元二　有效沟通技巧 ··· 22
　学习目标 ·· 22
　学习内容 ·· 22
　一、遵循信息有效发送的原理 ·· 22
　二、提高语言技巧 ··· 26
　三、学会积极倾听 ··· 30
　四、运用有效的身体语言 ·· 34

典型案例 · 43

问答题 · 44

沟通游戏 · 44

小组练习 · 44

自我测试 · 46

单元三　建立良好的客户关系 · 48

学习目标 · 48

学习内容 · 48

一、建立宾客信息体系 · 48

二、关注服务接触点（MOT 关键时刻）· · · · · · · · · · · · · · · · · 59

三、建立良好的客户关系 · 66

四、客人投诉的处理 · 71

典型案例 · 77

问答题 · 78

情景题 · 78

小组讨论 · 79

单元四　督导与下属沟通的技巧 · 81

学习目标 · 81

学习内容 · 81

一、了解你的下属 · 81

二、注意双向沟通 · 84

三、营造良好的氛围 · 88

四、有效下达工作指令 · 93

五、赞扬下级的方法 · 98

六、批评下级的技巧 · 102

典型案例 · 107

问答题 · 108

自测题 · 108

阅读回答 · 109

案例分析 ·· 110
　　自我测试 ·· 110

单元五　督导与上级沟通的技巧 ································ 112
　　学习目标 ·· 112
　　学习内容 ·· 112
　　一、了解上级的需求 ·· 112
　　二、了解上级的个性 ·· 113
　　三、接受上级指示要则 ······································ 115
　　四、学会服从 ·· 115
　　五、及时复命 ·· 117
　　六、正确看待上级的批评 ···································· 119
　　七、说服上级的技巧 ·· 121
　　典型案例 ·· 123
　　问答题 ·· 123

单元六　督导与同级沟通的技巧 ································ 124
　　学习目标 ·· 124
　　学习内容 ·· 124
　　一、明确责权范围 ·· 124
　　二、强化服务意识 ·· 126
　　三、制定协调制度 ·· 127
　　四、加强沟通培训 ·· 128
　　五、疏通沟通渠道 ·· 129
　　六、尽量避免矛盾上交 ······································ 129
　　七、充分发挥管理人员的作用 ································ 130
　　典型案例 ·· 130
　　问答题 ·· 131
　　自我测试 ·· 132
　　案例分析 ·· 132

单元七　会议沟通 ·· 134
　　学习目标 ·· 134
　　学习内容 ·· 134
　　一、明确会议目的 ··· 134
　　二、做好会前准备 ··· 135
　　三、提高主持会议的技巧 ·· 136
　　四、召开班前会 ··· 138
　　典型案例 ·· 139
　　问答题 ·· 140
　　自我测试 ·· 140

学后能力自测 ·· 141
附录：专业用语 ·· 143
参考资料 ··· 144
后　　记 ··· 145

学前能力自测

在开始"沟通技巧"这门专项技能课的学习前,请先回答下列问题,测评自己的沟通技巧。选择与自己经历最相近的答案:"从不"选 A,"有时"选 B,"经常"选 C,"总是"选 D。

1. 我适时地把适当的信息传递给合适的人。
   A. □　　　　B. □　　　　C. □　　　　D. □
2. 在决定该如何沟通前,我认真思考信息内容。
   A. □　　　　B. □　　　　C. □　　　　D. □
3. 我表现出自信,讲话时信心十足。
   A. □　　　　B. □　　　　C. □　　　　D. □
4. 我希望对方就我的沟通提供反馈。
   A. □　　　　B. □　　　　C. □　　　　D. □
5. 我注意聆听并在回答前检查我的理解是否正确。
   A. □　　　　B. □　　　　C. □　　　　D. □
6. 评价他人时,我努力排除各种个人成见。
   A. □　　　　B. □　　　　C. □　　　　D. □
7. 与客人交流时,我态度积极、礼貌周到。
   A. □　　　　B. □　　　　C. □　　　　D. □
8. 我及时向他人提供他们需要并想要的信息。
   A. □　　　　B. □　　　　C. □　　　　D. □
9. 我利用单独会见,检查员工的表现并辅导他们。
   A. □　　　　B. □　　　　C. □　　　　D. □
10. 我通过提问了解他人的想法以及他们的工作进展。
    A. □　　　　B. □　　　　C. □　　　　D. □
11. 我分发书面指示,以提供关于某一任务的所有相关信息。
    A. □　　　　B. □　　　　C. □　　　　D. □
12. 我运用专业的电话沟通技巧改进沟通。
    A. □　　　　B. □　　　　C. □　　　　D. □

13. 我通过所有可以利用的电子媒介进行沟通。
    A. □   B. □   C. □   D. □
14. 我经常在一线进行对客服务工作,以获取更多的信息。
    A. □   B. □   C. □   D. □
15. 会见、调查或作会议记录时,我使用有效的记录方法。
    A. □   B. □   C. □   D. □
16. 我常征求可信赖的批评者的意见。
    A. □   B. □   C. □   D. □
17. 我与其他督导保持良好的合作协调关系。
    A. □   B. □   C. □   D. □
18. 我经常做讲演练习,以提高自己的表达能力。
    A. □   B. □   C. □   D. □
19. 进行内部培训时,我发挥着明显的积极作用。
    A. □   B. □   C. □   D. □
20. 我安排的会议已达到了专业水平。
    A. □   B. □   C. □   D. □
21. 我用良好的推销技巧说服他人接受我的观点。
    A. □   B. □   C. □   D. □
22. 与他人商谈前我已经对问题进行了深入研究,并熟知对方的需要。
    A. □   B. □   C. □   D. □
23. 我发送信息,力求做到准确、简明、清晰。
    A. □   B. □   C. □   D. □
24. 提出建议前,我往往进行彻底的调查。
    A. □   B. □   C. □   D. □
25. 我努力了解有关人员对组织的看法。
    A. □   B. □   C. □   D. □
26. 我积极主动与自己的上级进行沟通。
    A. □   B. □   C. □   D. □
27. 我把定期与员工沟通看作重要工作。
    A. □   B. □   C. □   D. □
28. 我积极接收并回应来自员工和他人的反馈。
    A. □   B. □   C. □   D. □
29. 我经常检讨自己的沟通行为。
    A. □   B. □   C. □   D. □

30. 我确定了沟通目标，并且不允许任何行为阻碍这一目标的实现。
　　A. □　　　　　B. □　　　　　C. □　　　　　D. □

计分：选 1 得 1 分，选 2 得 2 分，选 3 得 3 分，选 4 得 4 分。

做完自我测评题目，请把各题得分加起来，通过阅读相应评语，检查一下自己在哪方面做得不够，然后参看本书中的有关章节，找到实用的建议和提示以改进沟通技巧。无论你在沟通方面已经取得了多么大的成功，一定要记住：沟通永远有改进的余地！

30~60 分：你不能有效地沟通，要倾听反馈，努力从失败中吸取教训。

61~90 分：你在沟通方面表现一般，要针对不足，改进提高。

91~120 分：你有良好的沟通技巧，但要记住：沟通多多益善。

单元一

沟通的基本原理

学习目标
掌握沟通的过程、有效沟通的基本原理、有效沟通的障碍及克服方法。

学习内容
◆ 沟通的定义
◆ 沟通的过程
◆ 沟通视窗及运用技巧
◆ 有效沟通的障碍
◆ 网络沟通

饭店督导每天将大部分时间都用在以不同的形式进行沟通上。那么,什么是沟通?有效沟通要掌握什么原理?有效沟通有哪些障碍以及如何克服这些障碍……大多数督导可能从来没有好好思考、探讨过这些问题。

一、沟通的定义

沟通是人类社会交往的基本行为过程。人们沟通的方式多种多样,对于什么是沟通,说法也较多。

《大英百科全书》认为:

沟通就是"用任何方法,彼此交换信息。即指一个人与另一个人之间用视觉、符号、电话、电报、收音机、电视或其他工具为媒介,所从事之交换消息的方法。"

中国学者苏勇在其编著的《管理沟通》中,从管理的角度,特别是从领导工作职能特性的要求出发,吸收了信息学的研究成果,将沟通定义为:

"沟通是信息凭借一定符号载体,在个人或群体间从发送者到接受者进行传递,并获取理解的过程。"

美国学者桑德拉·黑贝尔斯、里查德·威沃尔在其最新版的《有效沟通》一书中,将沟通进一步定义为:

"沟通是人们分享信息、思想和情感的任何过程。这种过程不仅包含口头语言和书面语言，也包含体态语言、个人的习气和方式、物质环境——即赋予信息含义的任何东西。"

我们认为，最后一个定义比较全面、确切和具有代表性。沟通可定义为：任何的一种信息、思想和情感的传递和交换的过程。

沟通有五层含义：

（1）沟通对象是人，通常涉及两人以上。
（2）沟通必须要有一定信息资料，即传递和交流的内容。
（3）沟通必须借助于一定的媒体才能进行，如口头和文字。
（4）信息只有被接收和理解了，沟通过程才算完整。
（5）不同意见之间的争论，也是一种有效的沟通方式。

沟通的内容不仅仅是信息，还包括更加重要的思想和情感。例如，今天气温多少度？现在几点了？在哪儿集合？需要多长时间？这样的信息是非常容易沟通的，而思想和情感是不太容易沟通的。在实际工作过程中，很多障碍使思想和情感无法得到一个很好的沟通，如员工工作出了差错，督导对他进行批评教育，这时如果员工有抵触情绪，往往就会影响沟通效果。

二、沟通的过程

沟通，是发送者与接收者之间的一种相互作用。沟通是一个过程，沟通的过程由于多种因素影响而非常复杂。

我们用图1-1对这一过程进行拆解分析：

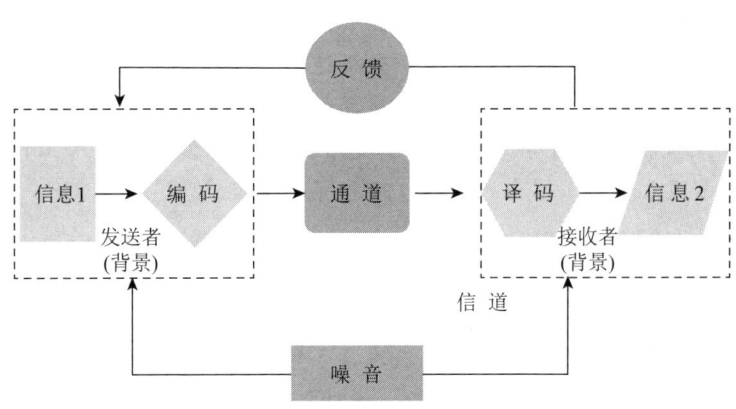

图1-1　沟通过程模型图

沟通过程八大要素：

第一，信息1

第二，编码

第三，通道

第四，译码

第五，信息2

第六，噪音

第七，反馈

第八，背景

（一）编码和译码

编码，是发送者将其欲发送的信息与意义符号化，编成一定的文字等语言形式或其他形式的符号。译码，则恰恰相反，是接收者在接收到信息后，将符号化的信息符号还原为信息与意义，并理解其信息内容与含义的过程。

完美的沟通应该是发送者的信息1经过编码与译码两个过程后，形成的信息2与信息1完全吻合，也就是说，编码与译码完全"对称"。但实际上，信息2与信息1不可能完全吻合，有时候是部分吻合，有时候则完全不吻合。吻合的程度取决于发送者与接收者各自的参照系。

参照系，指每个人各自的文化背景、教育程度、经历、经验、智力水平、态度、观点、价值观、偏见、感觉、期望、情绪、语言能力等。这些参照系会影响每一次沟通的效果。

【例1-1】

不同参照系

某饭店客房部的一个员工生病了，主管随口就说了一句"我们这么忙还有时间让你生病"。如果以个人为参照系来分析这句话，就会让人觉得"你难道有权力不让人生病"；反之，如果以饭店客房部管理者为参照系，主管要面对极大的压力，员工生病就意味着今天楼层人手更紧了，清洁客房的抢房工作任务更重了。所以，参照系不同，得出的结论自然也有差异。

【例1-2】

文化背景不同带来的沟通障碍

中国人有时候喜欢客气，请人吃饭准备了很多好吃的，却说饭做得不好，请多包涵。实际上是想获得别人的赞扬，但外国客人往往不能理解，那么丰盛好吃的菜肴还说是"马马虎虎"！由于存在不同文化背景的差异，有时候互动也会出现问题。过去，北京人打招呼喜欢问"吃了吗"？但是，如果跟外国客人打招呼还问"吃了吗"？他就听不懂了。所以，有经验的翻译将"吃了吗"翻译成"How do you do（你好）"，否则，外国人会回答吃了或没吃。

信息2与信息1的对称程度，取决于沟通双方两个参照系的重叠部分：相同或类似的背景、经验及相同或类似的代码系统。

沟通双方参照系重叠的部分越多，沟通效果就越好！

（1）　　　　　　　　（2）

图1-2　沟通双方的参照系

如果双方对信息符号、信息内容缺乏共同背景、经验，或双方编码、译码的代码系统不一致，则在解读信息与正确理解其内在意义的两个过程中必定会出现误差，容易造成沟通失误或失败。因此，发送者在编码过程中必须充分考虑到接收者的参照系，注重内容、符号对于接收者来说的可读性；用接收者容易理解的语言和传递方式来发出信息。接收者在译码过程中也必须考虑到发送者的参照系，这样才能更准确地把握发送者意欲表达的真正意图，全面正确地理解收到的信息的本来意义。

（二）通道

沟通通道，又称为沟通方式，是由发送者选择的、借以传递信息的媒介物。不同的信息要求使用不同的通道。如饭店VIP的接待安排应采用内部通知这种书面方式，而楼层紧急抢房则宜采用口头方式。近年来，随着QQ、微信及其他办公软件譬如钉钉的出现，越来越多的企业内部出现了各种各样的沟通群，如全员的、部门的、跨部门的。书面语言、口头语言、身体语言、图像语言以及多种媒体等使沟通通道多样化。有时人们可以使用两种或两种以上的通道。由于各种通道各有利弊，因此，选择恰当的通道对沟通效果十分重要。

常用沟通通道及功能如表 1-1 所示。

表 1-1　常用沟通通道及功能

沟通通道	举例	功用
书面语言	信函、备忘录、报告、提议、记录、合约、指示、议程、通知、规章、笔记、计划、讨论文件等	书面语言是组织间进行沟通的基础。因为它具有相对持久性且便于使用而被广泛使用
口头语言	访谈、会议、电话、辩论、提出请求、听取汇报、通告、演说等	面对面的交谈与电话中的交谈因其具有即时性而被广泛采用，它是组织机构处理日常工作的主要沟通方式
体态语言	手势、面部表情、动作、行为、语气等	体态语言在无意中给他人深刻影响
图像语言	幻灯片、照片、图画、插图、图表、漫画、表格、录像、商标、美术拼贴等	图像语言因其生动地传达着有意识或无意识的信息而被使用
多媒体	电视、报纸、杂志、散页印刷品、小册子、传单、海报、互联网、录像、广播等	媒体的使用越专业，就可能越有效。微信群、QQ 群由于其传递的信息量大、传递速度快，使用越来越普遍。

（三）反馈

完整的沟通过程，包括了信息的成功发送与反馈两大过程。没有反馈的沟通过程，容易出现沟通失误或失败。

反馈是指接收者将收到并理解了的信息返送给发送者，以便发送者及时核实接收者是否正确理解了信息。为了检验信息沟通的效果，即接收者是否正确、完美、及时地接受并理解了所需要传达的信息，反馈是必不可少和至关重要的。在没有得到反馈以前，信息发送者无法确认信息是否已经得到有效的编码、传递、译码与理解。

反馈需要注意以下几点：

1. 反馈并非总是能自觉发生的

如果发送者没有要求反馈，或接收者认为信息已经被完全理解，就没有必要反馈；或接收者由于各种原因不愿意反馈，反馈往往就不会发生。因此，如果发送者想要沟通成功，要求接收者及时进行反馈是必要和重要的。如管理者下达了一项工作任务后，应主动询问下属听明白了没有以及还有什么问题，以便及时获取反馈。

2. 反馈可能需要多次完成

有时发送者发现发送的信息没有被理解，他们就会被迫进行第二次甚至更多次的发送。同样，如果接收者发现发送者收到自己的反馈后，再发送回来的信息表明自己的理解有误，则在调整了理解之后，有必要进行第二次或第三次反馈，直到确认自己对信息的理解准确无误为止。

【例1-3】

"It will do"

一位美国客人到酒店总台登记住宿，用英语问接待员房费中是否含早餐，服务员英语水平不够，没听懂，随口回答了"It will do"。客人比较细心，次日早晨又问另一位员工，得到相同的回答。

几天后，美国客人退房结账，发现账单中每顿早餐餐费都一一计在账单中。客人不解，最后，酒店大堂副理告知早餐不含在房费内，客人将事情原委说了一遍，问题也没有得到解决。客人怒气冲冲向酒店投诉，并拒付早餐费。最后，酒店同意退还早餐款，并赠送客人两盒茶叶。

[点评] 与外宾沟通时需要特别留意，对客人提出的问题应进行确认，直到客人听懂为止，而不能随意回答"It will do"。

3. 反馈不一定是有意的

与信息的发送一样，反馈的发生有时是无意的。如不自觉地流露出的一皱眉、一努嘴等表情，会给发送者反馈许多信息。如员工在上报坏消息时，督导眉头一皱，员工可能就会欲言又止。因此，督导无论是作为信息的发送者还是接收者，都应该尽量控制自己的行为，使沟通中的信息传递和反馈行为处于自我意识的控制状态之下，以确保信息传递和反馈无错误或无多余信息。此外，要注意观察对方无意间流露出来的反馈信息。

（四）背景

沟通总是在一定的背景中发生的。任何形式的沟通，都会受到各种环境因素的有力影响。如据研究表明，配偶在场与否，对人们的沟通影响较大。在饭店亦是如此，一个员工在上级办公室与在自己工作场所，沟通的效果是不同的。所以，从某种意义上讲，沟通既是由沟通者双方把握的，也是由背景环境共同控制的。

1. 心理背景

心理背景，指沟通双方的情绪和态度。它有两方面内涵：一是，沟通者自己的心情、情绪。当沟通主体处于兴奋、激动状态与处于悲伤、焦虑状态下，他的沟通意愿、沟通行为是不同的，前者往往积极响应，后者往往不愿沟通，思维处于抑制、混乱状态，编码、译码过程将受到干扰。二是，沟通者对对方的感受和态度。如果沟通双方心存芥蒂，就会影响沟通的进程与效果。沟通过程常常由于偏见与好恶而出现误差，导致沟通双方无法准确理解对方信息的含义。

2. 物理背景

物理背景，指沟通发生的场所。不同的物理背景往往造成不同的沟通气氛，特定的物理环境能造就特定的沟通氛围。物理背景会对人们的沟通造成巨大影响。如在一家高星级饭店里，人们会不自觉改变或调整自己的沟通行为。

3. 社会背景

社会背景，指沟通双方的社会角色关系。对不同的社会角色，应该有不同的沟通方法与模式。如上级可以拍下级的肩头，但倒过来则要慎重。这是因为对应于每一种社会角色关系，人们都有一种特定的沟通方式预期，只有沟通方式符合这种预期时，人们才能接纳这种沟通。这种角色沟通预期有时也会造成沟通障碍，如向上沟通时，下级往往投上级所好，报喜不报忧，给沟通带来负面效应。

4. 文化背景

文化背景，指沟通主体长期的文化积淀，即沟通主体较稳定的价值取向、思维模式、心理结构的总和。沟通需要文化背景，同时文化背景更是潜在而深入地影响每一个人的沟通过程与沟通行为。如美国的管理者，习惯使用备忘录、布告等正式渠道来表明自己的观点和看法；而在中国等东方国家，人们习惯用非正式渠道来交流彼此的思想和观点。

（五）噪音

噪音，是指干扰沟通正常进行的任何因素，它存在于沟通过程的各个环节，并有可能造成信息遗漏或失真。

1. 发送噪音

发送噪音，是指发生在沟通过程当中的信息发送环节的噪音。如发送者表达能力不佳、逻辑混乱、词不达意、语句晦涩等，导致他人无法准确对其译码，理解其含义。另一方面，与信息接收者一样，信息发送者在信息编码的过程中，也会受到个人兴趣、情绪、思想、愿望等的影响和制约。当信息发送者在编码过程中加入了错误或过量的个人因素，或根据个人喜好对信息进行了过滤，即对应该全部编码的信息进行了知觉性选择，如在向上级汇报工作时报喜不报忧、拖延时间，就会影响到所编码信息的完整性、准确性和及时性。

【例1-4】

表达出了问题

有个人请客，看看时间过了，还有一大半客人没来。主人心里很焦急，便说："怎么搞的，该来的客人还不来？"一些客人听到了，心想："该来的没来，那我们是不该来的了？"于是，在场的有些客人悄悄地走了。

主人一看又走掉好几位客人，越发着急，便说："怎么这些不该走的客人，反倒走了呢？"剩下的客人一听："走了的是不该走的，那我们这些没走的倒是该走的了！"于是，又有些客人走了。

最后只剩下一个跟主人较亲近的朋友，看到这种尴尬的场面，就劝他说："你说话前应该先考虑一下，否则说错了，就不容易收回来了。"主人大叫冤枉，急忙解释说："我并不是叫他们走哇！"朋友听了大为光火，说："不是叫他们走，那就是叫我走了。"说完，头也不回地离开了。

[**点评**] 发送者信息编码不够谨慎，没有顾虑到听者的立场，在无意中伤害别人，而产生一些不必要误会。所谓"言者无心，听者有意"，就是这个道理。

2. 传输噪音

传输噪音，是指发生在沟通过程的信息传递过程当中的噪音。人们传递信息就要选择适当的沟通通道或渠道。而在传递渠道中，又有可能出现噪音。如用电话沟通时，电话线路不好，对方无法听清你说的话；用书面正式沟通时，字迹潦草，致使对方无法辨认、准确理解；请人传话时，传话者对信息进行了修改或表述不清……这些问题都属于传输噪音即沟通渠道噪音。

3. 接收噪音

接收噪音，是指沟通过程中信息接收者在接收信息时发生的噪音，它包括两种现象：一是，选择性知觉现象。由于每个人的参照系各不相同，即信息接收者往往会根据自己个人的主观愿望、需要和理解，会对本来完整传递过来的并成功解码的信息进行过滤，倾向于只接受那些自己愿意或期望接收的部分信息，而对其余部分信息缺乏兴趣或敏感性。如人们普遍喜欢听好话，不愿意听批评。二是，接收者由于受个人智力、经验、思想等方面的局限而无法理解人们所准确传递的信息。比如，你对一个新员工讲专业术语，有可能是"对牛弹琴"，他无法理解。

4. 环境噪音

环境噪音，指的是在沟通过程中，影响沟通效果的一切客观的外在环境干扰因素。如当人们进行口头交流时，周围人声嘈杂。

5. 背景噪音

背景噪音，主要是指在沟通过程中，由于沟通背景因素而产生的沟通噪音。而沟通背景主要是指沟通过程的心理背景、社会背景和文化背景。

6. 数量噪音

数量噪音，是指在沟通过程当中所传递的信息量过大或者严重不足。人们所说的文山会海，就是典型的数量噪音。在企业中，有些管理者芝麻大的小事喜欢开个会，有的员工一点鸡毛蒜皮的事就喜欢找上级汇报两三个小时，这些都是信息数量噪音。

三、沟通视窗及运用技巧

沟通作为重要的管理素质之一，已引起越来越多管理者的重视。沟通风格是管理者在信息沟通活动中表现出的个性风格，体现了管理者人际关系的基本结构与面貌。它不仅与组织的凝聚力、生产效率密切相关，而且会影响到员工的工作满意度及其绩效水平。

沟通及沟通风格不良，是目前许多管理者面临的一个主要问题。督导要学会正确诊断自己的沟通风格，从而改善沟通风格。

（一）沟通风格的心理诊断

深刻理解乔哈瑞视窗（Johari window）是诊断沟通风格的基本前提。

乔哈瑞视窗格模型由美国心理学家乔瑟夫·勒夫（Joe·Lufthe）和哈里·英格拉姆（Harry Ingram）在20世纪50年代提出，他们从自我概念的角度对人际沟通进行了深入的研究，并根据"自己知道—自己不知"和"他人知道—他人不知"这两个维度，将人际沟通划分为四个区，人们将此理论也称为"乔哈瑞视窗"（表1-2）。

表1-2　乔哈瑞视窗

	Known to self	Unknown to self
Known to others	OPEN	BLIND
Unknown to others	HIDDEN	UNKNOWN

OPEN：开放区域　　BLIND：盲目区域
HIDDEN：隐藏区域　　UNKNOWN：未知区域

1. 开放区域

自己和他人都知道的信息，构成开放区。在人际沟通中，个人的日常爱好、态度及习性等通常是自己与他人共知的区域。

2. 隐藏区域

自己知道，而他人不知道的信息，构成隐藏区。个人的价值观、隐私等内容，常常只有当事者清楚，他人则无从知晓。

3. 盲目区域

自己不知道，而他人知道的信息、知识、背景等。个体的某些方面，如兴奋或痛苦状态时的情绪表现，自己的某些可能伤害他人的行为习惯等，往往是自身不甚了解而他人却很清楚的区域。

4. 未知区域

自己和他人都不知道的信息构成的区域是未知区域。

上述区域类型会随着个体与他人或团体沟通行为的变化而变化。如初次与人见面时，一般人通常不愿过多透露自己的情况，即倾向于缩小开放区，往往给人留下虚假的印象。为了进行有效沟通，管理者需要增加与他人的交往，扩大彼此的开放区，同时缩小盲目区和隐秘区，并在相互切磋和探究中开发封闭区。

基于有效沟通的良好愿望，人们通常使用自我透露和反馈两种策略或技术。自我披露，是个体主动与他人分享某种信息、观点乃至个人情感的过程，用以缩小隐秘区；反馈，则是个体对他人的态度和行为做出种种反应的过程。来自他人的反馈信息，有可能缩小盲目区。反馈与自我披露的交互使用，则有助于缩小封闭区。

（二）沟通风格

继乔哈瑞视窗之后，许多西方应用心理学家又对沟通风格进行了大量研究，我国研究者在总结乔哈瑞理论等研究成果的基础上，开发出了适合中国国情的《管理者沟通风格诊断问卷》，可将管理者的沟通活动分为如下四种典型风格，但大多数人都兼有两种以上的沟通风格。

1. 开放型

这类管理者既重视自我披露，又注意运用反馈，能在团体中营造出互相宽容信任的开放气氛。他们善于体察下级的需求，鼓励下级积极参与组织事务。这种沟通风格不仅能创造健康和谐的人际氛围，而且能提高团队的工作绩效。

2. 隐秘型

这类管理者的沟通特征具有单一性和防御性，即一味追求他人的反馈信息，却很少披露自我。猜疑和寻求社会认同，是隐秘型管理者的典型心理。在猜疑心的支配下，他们往往为了知道员工的活动和想法而寻求反馈。他们常将个人的情感和评价隐藏起来，提升何人等重大事情常取决于他们深藏的个人好恶。隐秘型管理者也渴望社会认同，为了取得他人的喜爱和认同而寻求反馈。他们认为保持团体的表面和谐或一致是管理工作的宗旨，为达到此目的，他们甚至不惜大事化小。在进行绩效评价时，他们往往倾向于只谈下级优点，少谈或不谈下级的缺点。

3. 盲目型

这类管理者更多地进行自我披露，而忽视了反馈的运用，其管理行为具有"独断"色彩，他们自认为是行家里手，热衷于披露自我信息：如时时发布"某项工作该如何做""某个问题应如何处理"等指示；他们不屑于从下级那里获取反馈，他们更多地看到下级的缺点，而忽视其优点和潜力。对盲目型管理者，下级往往心怀不满，很少将自己视为组织的一员，整个团队工作绩效不高。如果上下级关系日趋恶劣，下级可能采取强制性反馈手段，如越级上报、向上级告状或隐瞒重要信息来报复管理者。

4. 封闭型

这类管理者的典型特征是，既很少进行自我披露，也很少运用反馈。焦虑和不安全感是封闭型管理者的典型心理，他们经常担心失去工作或职位，并认为维持现状是唯一安全的策略。此类管理者常用静止不变的眼光看待下级，而且把绩效评价视为浪费时间；他们平时疏于进行上下沟通，下级既得不到及时、充分的激励，也得不到有效的指导。下级对这类管理者怀有敌对和失望情绪。

（三）沟通风格的改善

从上述分析中不难发现，反馈与自我披露是形成管理者沟通风格的两大维度，若能科学恰当地使用反馈与自我披露的功能，能成为改善不良沟通行为、培养积极沟通风格的有效策略。

在企业上下沟通中，管理者应善于倾听下级的反馈，多渠道地收集来自下级的意见与建议，通过建立双向沟通模式，营造出积极健康的组织气氛。此外，社会心理学研究发现，自我披露与人际关系的融合度存在正相关关系，即随着人际关系由浅入深，双方共同心理领域将逐步扩大，个体的自我披露水平也会越来越高。一个组织要创建一种开放性的氛围，管理者应首先进行自我披露，打开沟通大门，员工也会随后自我披露，凝聚力自然也会越来越强。

【例1-5】

IBM公司的沟通个案

IBM公司为了获取和倾听员工的反馈，每年投入大量资金来编制调查表，把调查结果作为评价管理者业绩的依据。更重要的是，公司一旦发现问题，便马上派出调查小组，前去解决问题。由于员工知道公司调查后会采取措施，因而能认真对待调查工作。整个调查程序是一个倾听与反馈的双向沟通过程，不仅增强了员工对上司的信任度，而且有助于创造出和睦的集体气氛。

四、有效沟通的障碍

（一）组织沟通障碍

在管理中，合理的组织机构有利于信息沟通。但是，如果组织机构过于庞大，中间层次太多，那么，信息从最高决策层传递到下层不仅容易产生信息的失真，而且还会浪费大量时间，影响信息的及时性。有学者统计，如果一条信息在高层管理者那里的正确性是100%，到了信息接收者手里可能只剩下20%的正确性（图1-3）。这是因为，在进行这种沟通时，各级主管部门都会花时间把接收到的信息进行自我甄别，一层一层地过滤，然后按自己的理解和需要向下传递。

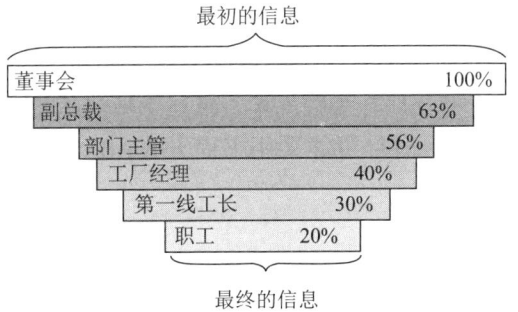

图1-3 信息失真实例

同样，在向上级传递信息时，普遍存在报喜不报忧的现象，即信息的甜蜜化。管理者有可能将断章取义的信息上报。而且，在甄选过程中，还掺杂了大量的主观因素，尤其是当发送的信息涉及发送者本身的利益时，往往会由于心理方面的原因，造成信息失真。这种情况也会使信息的提供者畏而却步，不愿提供关键的信息。因此，如果组织机构臃肿，机构设置不合理，各部门之间职责不清、分工不明，形成多头领导，或因人设事，人浮于事，就会给沟通双方造成一定的心理压力，影响沟通的进行。饭店组织机构的扁平化，有助于提高沟通的效率和效果。

有种接连传话的游戏足以说明问题，在口头沟通中传话的人数越多，信息在传递过程中被遗漏失真的可能性就越大，就是因为加上了传话人的意识。

【例1-6】

观测哈雷彗星的传话

据说，美军1910年的一次军队命令的传递是这样的：

营长对值班军官说：明晚大约8点钟，哈雷彗星将可能在这个地区看到，这种彗星每隔76年才能看见一次。命令所有士兵着野战服在操场上聚集，我将向他们阐明这一罕见的现象。假如下雨的话，就在礼堂聚集，我为他们放一部有关彗星的影片。

值班军官对连长说：依据营长的命令，明晚8点哈雷彗星将在操场上空出现。假如下雨的话，就让士兵穿着野战服列队前往礼堂，这一罕见的现象将在那里出现。

连长对排长说：依据营长的命令，明晚8点，非凡的哈雷彗星将身穿野战服在礼堂中出现。假如下雨，营长将下达另一个命令，这种命令每隔76年才会出现一次。

排长对班长说：明晚8点，营长将带着哈雷彗星在礼堂中出现，这是每隔76

年才有的事。假如下雨的话，营长将命令彗星穿上野战服到操场上。

班长对士兵说：在明晚8点下雨的时候，著名的76岁哈雷将军将在营长的陪伴下身着野战服，开着他那彗星牌汽车，经过操场前往礼堂。

[点评]下达工作指令时尽可能采用书面方式，口头沟通中尽量减少中间传话环节。

（二）个人沟通障碍

1. 个性因素

沟通在很大程度上受个人心理因素的制约。个体的性格、气质、态度、情绪、见解等的差别，都会成为沟通的障碍。如果一个人对另一个人的说话方式很反感，就会导致两人之间产生沟通障碍。如上级用盛气凌人的语气对下级说话，下级会很反感，这会导致沟通效果不佳。

2. 知识、经验水平的差距

在信息沟通中，如果双方经验水平和知识水平差距过大，就会产生沟通障碍。此外，个体经验差异对沟通也有影响。在现实生活中，沟通的双方往往依据经验去处理信息，使彼此理解的差距被拉大，形成沟通的障碍。

3. 个体记忆不佳

在管理中，沟通往往是依据组织系统分层次逐级传递的；然而，在按层次传递同一条信息时往往会受到个体素质的影响，从而降低沟通的效率。

4. 对信息的态度不同

对信息的态度不同，可分为不同的层次来考虑：一是，认识差异。在工作中，不少员工和管理者忽视信息的现象还很普遍，这对正常沟通造成了很大障碍；二是，利益观念。在团体中，不同的成员对信息有不同的看法，所选择的侧重点也不相同。很多员工只关心与他们的物质利益有关的信息，而不关心组织目标、管理决策等方面的信息，造成了沟通障碍。

5. 相互不信任

有效的沟通要以相互信任为前提，这样，才能使向上反映的情况得到重视，向下传达的决策得以迅速实施。督导在进行信息沟通时，应该不带成见地听取意见，鼓励下级充分阐明自己的见解，这样才能做到思想和感情上的真正沟通，才能接收到全面可靠的信息，才能做出正确的判断与决策。

6. 沟通者的畏惧感以及个人心理品质

在实际工作中，沟通的成败主要取决于上级与下级、领导与员工之间的全面有效的合作。但在很多情况下，这些合作往往会因下属的恐惧心理以及沟通双方的个人心理品质而形成障碍。一方面，如果管理者过分威严，给人造成难以接近的印象，或者管理者缺乏必要的同情心，不愿体恤下情，都容易造成下属的恐惧心理，影响沟通的正常进行。另一方面，不良的心理素质也是造成沟通障碍的因素，如有些人心理比较脆弱，不太容易接受批评。

7. 直觉选择偏差

接收和发送信息，也是一种知觉形式。但是，由于种种原因，人们总是习惯接收部分信息，而摒弃另一部分信息，这就是知觉的选择性。在接受或转述一个信息时，符合自己需要的、与自己有切身利害关系的，人们很容易听进去，而对自己不利的、有可能损害自身利益的，则不容易听进去。凡此种种，都会导致信息歪曲，影响沟通的顺利进行。

五、网络沟通

随着网络科技的发展，网络对于人类的生活方式和沟通行为的影响越来越大。电子邮件、网络电话、网络传真、即时通信等网络沟通方式大大降低了沟通成本，使沟通快捷化、工作便利化，同时也带来了一些问题。

（一）网络沟通的利弊

1. 信息扁平化

在各种沟通平台上，似乎任何人都可以发表意见，且可以直达高层。不再需要中层管理者承上启下，基层员工的意见可以直接让高层看见；中层管理者失去了"信息不对称"而产生的权力；越级汇报变得习以为常，同样打破了跨部门沟通的常规。

2. 信息量大

沟通平台上每个人都可以发声、都在发声，管理者从中能获得的信息越来越多，也越来越容易。

3. 信息量杂

各种各样的即时信息会分散管理者的注意力，管理者会不知不觉中陷入对这些即时信息产生的管理行为中，而忽略了对信息的过滤。到底哪些信息才是最重要的才是管理者们应该关注的重点。

4. 工作流程简化

很多办公软件让管理流程发生改变，例如，原来需要一级一级汇报工作，如今，沟通平台上可以变成同时知会；又如，在网上沟通平台可以随时随地审批报销流程。

5. 网络依赖性

在这些即时沟通工具出现之前，企业内部的沟通显得更加郑重，重要的事情通常会当面向上级汇报。但随着沟通工具的出现，人们习惯了利用这些工具沟通工作事宜，不知不觉中产生了网络依赖性。

【例 1-7】

微软公司的"东走西瞧"

世界著名的微软公司为我们创造了 IT 业界发展的"神话",其公司内部的沟通机制同样为我们提高沟通效果提供了典范。

首先,微软公司的总裁比尔·盖茨坚持利用电子邮件,来加强与部属和员工的联系,他每天上班的第一件事,就是检查电子信箱。同时,公司内部的所有员工通过电子邮件频繁进行信息交流,一本新书、一篇好文章、一种创意、一丝灵感,都是员工电子邮件传递的内容。他们还形象地将这种沟通方式称为"东走西瞧"。尽管有着最快捷、发达、高效的电子沟通介质,公司并没有摒弃传统的非正式沟通形式。

(二)工作群沟通技巧

如今,在工作中利用 QQ、微信沟通越来越重要。

在利用企业 QQ、微信工作群沟通时应该注意哪些礼仪?如何提高沟通的有效性?

(1)避免在工作群里私聊。QQ、微信工作群的本质是公共交流场所,如果在工作群中私聊,会给群里其他人增加信息负担,并有可能导致其他人错过群里的重要信息。

(2)及时消除"沟通黑洞"。无论是私聊还是在工作群里,收到上级或同事发送的信息或通知,不能看完就完了,一定要给对方反馈,例如回复"收到",这是职场礼貌。

(3)平时多积累沟通措辞。在较为重要的沟通中,一定要注意自己的提问方式,避免发"在吗""方便吗"等消息。可以开门见山说出自己的意图,避免增加双方的沟通成本。

(4)减少发语音信息的次数。一是语音信息不便于回头查阅,二是接收方不一定随时随地都能收听语音信息。能发文字就尽量用文字沟通。

(5)一定要简洁扼要,直达主题,避免增加沟通成本。职场沟通要牢记,重要的事情用一段话完整陈述。

(6)在群里发完文件后须与对方确认是否收到。重要的事情或者文档一定要跟对方电话确认。如果是紧急事件,而用 QQ、微信难以达到深度交流效果的,最好用电话进行沟通交流。

典型案例

一家饭店的一位主管有一次大发雷霆,原来他看到一份报告上有一个错字,那是个拼写错误,有人把 Believe 写成了 Beleive。

这位主管很是精明能干,可是有个怪毛病,眼睛里容不得任何一个拼写错误。他叫来了那个写错字的员工。

整个走廊都听得见主管的声音:"你这混蛋连这么点错误都要犯,你到底读过书没有?E 怎么可能在 I 的前面,记住,I 永远在 E 的前面。"

可是,没过几天,这位可爱的主管又发现了同样的拼写错误,而且又是出自同一人之手。

这次,主管被彻底地激怒了,他叫来了那个"屡教不改"的员工,怒不可遏地冲他咆哮道:"你的耳朵长在头上了吗?为什么我说了你不听?"

那位员工很平静,说道:"你是说 I 永远在 E 之前吗?"主管说:"看来你是明知故犯了。"

员工二话没说,随手从桌上拿起一份文件,把上面的 Boeing 字样一笔勾去,写成了 Boieng。

【案例评析】

这个不愉快的结局是由于这位主管的沟通不佳引起的,如果他当时不那么气愤,而是采用一种心平气和的态度,可能就是另一种结果了。因此,对于管理者来说,沟通很重要,这种沟通的效果不仅影响自己,也会影响下属、影响整个团队的业绩。

问答题

1. 什么是沟通?画出沟通过程的模型并进行分析。
2. 什么是参照系?举例说明参照系是如何影响人们之间的沟通的。
3. 什么是反馈?如何有效地获取反馈?
4. 沟通噪音有哪些?如何克服?
5. 写出"乔哈瑞视窗"并进行分析。
6. 分析自己的沟通风格,提出改进意见。
7. 有效沟通有哪些障碍?如何克服?
8. 联系实际,谈谈如何更好地利用网络进行沟通交流?

判断题

1. 沟通就是我说、你听。
2. 信息只有被接收和理解了,沟通过程才算完整。
3. 沟通的层次与沟通的效率成正比。
4. 不同意见之间的争论也是一种有效的沟通方式。

小组练习

1. 目的

解除强加在自己身上的障碍，接收反馈信息，以信息共享方式精确认识自我形象和知觉偏差。

2. 方法步骤

步骤一：组成5~7人的小组，每个人都准备好笔和纸。每个人在每张纸的上端，分别写出组内一个成员的名字（包括自己）。

步骤二：每个人写上关于这个人的5种个人品质或5种工作习惯/特点或5条优点/缺点。

步骤三：所写各项都是人们对组内每个成员（包括自己）的感性认识。

步骤四：将纸交给组内相关成员。

步骤五：每个成员轮流朗声读出：

①别人对自己的感性认识（如有不明之处可以请求解释）。

②自己对自己的感性认识。

小组讨论所出现的知觉差异及其产生的原因。

案例分析

案例一

一家总公司董事长吩咐其秘书："你帮我查一查我们有多少人在华盛顿工作，星期四的会议上总经理将会问到这一情况，我希望准备得详细一点。"于是，这位秘书打电话告诉华盛顿分公司的秘书："董事长需要一份你们公司所有工作人员的名单和档案，请准备一下，我们在两天内需要。"分公司的秘书又告诉其经理："董事长需要一份我们公司所有工作人员的名单和档案，可能还有其他材料，需要尽快送到。"结果第二天早晨，四大箱航空邮件到了总公司大楼。

案例二

英国著名的维多利亚女王，与其丈夫相亲相爱，感情和谐。但是维多利亚女王乃是一国之王，成天忙于公务，出入于社交场合，而她的丈夫阿尔伯特却和她相反，对政治不太关心，对社交活动也没有多大的兴趣，因此两人有时也闹些别扭。有一天，维多利亚女王去参加社交活动，而阿尔伯特却没有去，已是夜深了，女王才回到寝宫，只见房门紧闭着。女王走上前去敲门。

房内阿尔伯特问："谁？"

女王回答："我是女王。"

门没有开，女王再次敲门。

房内阿尔伯特问："谁呀？"

女王回答:"维多利亚。"
门还是没开。女王徘徊了半晌,又上前敲门。
房内的阿尔伯特仍然问:"谁呀?"
女王温柔地回答:"你的妻子。"
这时,门开了,丈夫阿尔伯特伸出热情的双手把女王拉了进去。

问题: 你从这两个案例中得到了什么启示?

单元二

有效沟通技巧

学习目标

掌握有效发送信息的技巧，提高表达能力，学会倾听、反馈，掌握体态语言的基本原理及具体运用方法。

学习内容

◆ 有效发送信息的技巧
◆ 关键的沟通技巧——倾听
◆ 有效反馈技巧
◆ 有效体态语言

在沟通中，有时会出现沟通双方对语言表达费解的现象，影响到沟通者对信息理解的准确性。本来发出的是这样的意思，别人得到的却是另外一种意思。因此，在沟通时，督导要采取一定的措施，避免信息传递错误。为获取更多的信息，督导还要善于倾听他人传递过来的信息。沟通后，及时总结，自己有哪些地方做得不错，有哪些地方做得不够并及时改进，不断提高自己的沟通能力。

有效沟通常见问题：
（1）表达能力欠佳
（2）无效率地听
（3）不重视反馈
（4）体态语言运用不够
（5）情绪化

通过探讨沟通的定义、过程及其要素，我们了解到沟通并不是一个永远有效的过程。要达成有效的沟通，必须遵守一定的原理，只有遵循这些基本原理，人们想要传递的信息才能像预期的那样及时、准确、完整地完成。

一、遵循信息有效发送的原理

信息的生命在于传递。因此，要进行有效沟通，必须在信息传递上下工夫。

督导作为信息发送者在发送信息时应遵循 5W1H 法。

1. 明确发送什么以及发送的目的——What（Why）

督导在发出信息时必须明确两点：

（1）明确发送信息的目的。沟通要有一个明确的目标，这是沟通成功与否最重要的前提。

在与他人沟通的时候，见面的第一句话应该说：

"这次我找你的目的是……"

"今天我们开会的目的是……"

沟通时的第一句话要说出你要达到的目的，这是非常重要的，这也是沟通技巧在行为上的一个表现。

明确发送信息的目的，可以使督导更好地把握与他人的交往。例如：批评对方的目的是为了使其改正。某个员工在工作中出了差错，督导找他谈话的目的是帮助他找出出错的原因，共同商讨如何在今后的工作中避免类似差错的出现。明确了这一目的，督导可以通过各种方式去与员工交流，达到目的。如果目的不明确，督导就可能会无休止地批评、抱怨下属，其结果只会使下属感到自卑或产生抵触情绪，而问题则由一个问题变为了两个问题。

（2）要对自己想要表达的内容了然于心。在信息交流之前，督导应考虑好自己将要表达的意图，抓住中心思想。要使用双方都理解的用语和示意动作，并恰当地运用语气和表达方式，措辞不仅要清晰、明确，还要注意情感上的细微差别，力求准确，使对方能有效接收所传递的信息。

2. 考虑接收者的情况——Who

并非所有的督导都能意识到沟通过程的另外一半——信息接收者的重要性。在工作中，我们常常听到督导这样抱怨："这件事情我说了多少遍，他们（员工）就是不听。"其实，督导应该明白，信息接收者往往拥有与发送者不同的参照系，你认为重要的，他们可能觉得无所谓。如由于工作需要，饭店员工加班加点，不同年代的员工，对加班的态度有很大的区别。70 年代出生的员工会认为，加班就加班，不给钱也加班；80 后员工会这样想，给钱就加班，不给不加班；90 后员工则会提出，给钱也不加班。所以，要求员工加班时，必须考虑不同员工的参照系。

不幸的是，大多数督导和经理都认为工资收入是职工工作最重要的动因，于是动辄就告诉员工："你再这样，我就要扣发你的奖金。"这样很难达到预期的沟通效果。

五种最能激励员工的参照系：

◆挑战（目标、风险、变革和学习）

◆因做好一项工作而得到认可

◆归属感（团队精神、建议和机会）
◆职位安全感
◆工资收入

　　督导在发送信息时，必须考虑到接收者的观念、需要和情绪，区分对象，因人而异。例如，对水平不高的一线员工，用他根本听不懂的科技语言来传递信息，你可能认为"非常明确"，可是他们却一点儿也听不懂，结果只能是接收不良，沟通无效。

【例2-1】

秀才买柴

　　有一个秀才去买柴，他对卖柴的人说："荷薪者过来！"卖材的人听不懂"荷薪者"（担柴的人）三个字，但是听得懂"过来"两个字，于是把柴担到秀才前面。秀才问他："其价如何？"卖柴的人听不太懂这句话，但是听得懂"价"这个字，于是就告诉秀才价钱。秀才接着说："外实而内虚，烟多而焰少，请损之。（你的木柴外表是干的，里头却是湿的，燃烧起来，会浓烟多而火焰小，请减些价钱吧）"卖柴的人因为听不懂秀才的话，于是担着柴走了。

　　[点评] 不成交的原因是秀才用了太多修饰的词语，而卖柴的人根本听不懂，所以达不成买柴的目的。如果秀才用简单易懂的词语来传达信息，把握好说话的对象，那一切就很容易了。

3. 选择恰当的发送方式——How

　　为求得良好的沟通效果，督导在发送信息时应根据发送的具体内容，选择最合适的沟通方式。"表扬一个人最好用公告，批评一个人最好用电话。"这句话道出了恰当选择沟通方式的重要性。

　　（1）电子邮件。电子邮件可以传递大量、准确的信息，但不能很好地传递思想、情感。

　　（2）电话。电话沟通速度快，适用于传递短小信息，表达简单的思想和情感。

　　（3）开会或面对面。开会或面对面传递信息，传达思想、情感最全面，信息量最大。

　　（4）书面。因为书面沟通具有相对持久性且便于使用而被广泛使用。它可以传递准确的信息，但传递速度较慢。

　　（5）图形。图形形象、直观、生动，饭店许多标志往往采用图形形式。

　　（6）多媒体。是多种方式结合使用的实例，多媒体使我们能更好地利用视像材料。当与许多人尤其是与大型组织的员工进行沟通时，多媒体越来越受到青睐。

（7）QQ、微信工作群。QQ、微信工作群可以消除时间与空间的壁垒，使沟通更为方便、快捷、高效，且节省资费，有利于部门之间的协同作战，快速有效地解决工作上遇到的问题，提高工作效率。这种沟通方式还让各级管理人员随时随地掌握工作进度，也为上下级平等互动提供了方便。其不足是，一些企业建立了多个微信群，一个员工同时在数个微信群里，微信群泛滥，给员工带来了负担。上班时间不看手机微信，又会错过很多重要信息，但经常看微信，又会分神，无法专心投入工作，造成工作效率低下。

由于各种沟通方式都有各自的特点和利弊，因此，在选择沟通方式时往往要因时因地因人制宜。

在进行重要沟通或大型沟通如员工培训时，应考虑周全，采用多层次、多方式组合型的沟通通道来进行全面沟通；

信息必须广泛传播或必须被保留时，应采用报告、备忘录、信函等文字形式；

在紧急时刻，用简练的语言告诉下属该如何做，这种方式易于理解，假如这时拿一大本书面资料要他看，显然是不可取的。

可见，沟通方式的选择对于沟通效果起着十分重要的作用。但在实际生活和工作中，面对面口头沟通通道仍然是最有效、最常用的沟通通道。即使是在通信技术高度发达的今天，口头通道仍然不减其重要性。就连美国总统大选，候选人也总是尽可能多地利用口头通道进行沟通：周游全国，亲自在公众面前演讲甚至答问。

4. 选择合适的时间——When

沟通要选择有利的时机。常见的情况是，管理者常常一上班就批评训斥下级，搞得下级一整天情绪都不好。记住，如果不是紧急的事，最好在员工下班时批评员工。又如，奖罚要及时，否则，事过境迁，效果就会大打折扣。不少饭店领班、主管召开班前会时，注意多鼓励和表扬员工、调节员工情绪，使员工一上班就有一个良好的状态，全身心投入到一天的工作中去。

【例2-2】

赏不逾时

美国一家名为福克斯波罗的公司，在创业初期遇到了一个技术难题，正当公司总经理一筹莫展时，一位科技人员提出了一个有价值的解决方案，总经理一时拿不出合适的奖品，就在办公桌中找到了一只香蕉奖给了那位科技人员。被奖的人十分感动，香蕉虽然并不贵重，但这自己的努力得到了领导的肯定。

"赏不逾时"的及时性，可以使被鼓励者一鼓作气，将热情继续下去，对周围其他人员也能产生强烈的带动作用。及时鼓励是有效激励的重要方法之一。

5. 选择合适的地点——Where

督导选择在自己办公室与下属谈话和选择在楼层工作间与下属谈话，对下属的心理影响是有明显区别的，也会直接影响谈话效果。所以沟通时，需要先思考一下将要表达的事情，什么样的事情需要一个正式的场合，什么样的事情可以在一个较为宽松或随意的环境下沟通。下达工作任务最好选择在一个比较安静的环境里，平时与员工进行感情投资时，可以选择在餐厅，气氛会比较宽松，可以边用餐边交流。

二、提高语言技巧

1. 表达简明、扼要、完整

说话拖泥带水，说了半天也说不清楚，或是以为对方没有明白，一个观点重复了半天，很快就会使对方丧失继续听下去的耐心。因此，督导在进行表达之前，应尽量做好准备，将要达到的目的、主要内容、如何进行表述粗略地组织一下，估计一下需要多少时间，尽可能在这个时间内结束表达。

由于语言可能成为沟通障碍，因此应尽可能简化语言，以使信息清楚明确，方便被接收者理解。督导不仅要简化语言，还要考虑信息所指向对象的自身特点，使所用的语言适合于接收者。有效沟通不仅需要信息被接收，而且需要信息被理解。通过简化语言可以提高理解效果。特别是在传递重要信息时，为了使语言问题造成的不利影响减小到最低程度，督导可以先把信息告诉不熟悉这一内容的人，看其是否能正确理解。

【例2-3】

语言表达

试比较下列三组语言沟通效果：

第一组：

A. 明天旅游团队到饭店的时间有变化，请相应调整。

B. 明天30人旅游团队客人提前到下午3：00到饭店，请通知楼层全体成员加快做好客房的准备工作。

第二组：

A. 本周的例会后我要外出，所以会议时间要缩短，比平时稍短一些。

B. 本周的例会缩短10分钟，因为会后我有事要外出，严禁迟到。

第三组：

A. 中午吃过饭后我们就在之前碰头的地方见面吧。

B. 今天下午1：00时在山水大酒店大厅见面。

显而易见，B句的表述更加浅显易懂。

2. 运用反馈

很多沟通问题是因误解或理解不准确造成的。如果督导在沟通中使用反馈，就会减少这些问题的发生。这里的反馈可以是言语的，也可以是非言语的。当督导问接收者："你明白我的话了吗？"他所得到的答复便代表着反馈。但反馈并不仅仅包括是或否的回答。为了核实信息是否按原有的意图接受，管理者可以询问有关该信息的一系列问题。如让接收者用自己的话复述信息。如果督导听到的复述正如本意，说明沟通是成功的。有时，行动比言语更为明确，督导也可以观察对方的眼睛及其他非言语线索，以了解他们是否在沟通中接受了你的信息。

3. 少说负面话

有些管理者会不自觉地犯爱讲负面话的毛病，说起话来总带着不满意的、抱怨的口气。总觉得别人和他过不去。上班一开口，就先批评这个员工这里不是、那个下属那里不对。打起电话来先怪对方为什么响了好几声都不接，聊起天来必是这个人不是、那个人不对。跟这种管理者交往，好像世上没有几件能让他（她）称心如意的事。

爱讲负面话的管理者，有时是过于理想化，用自己理想化的模式，去套生活和工作中的现实，结果常常是事与愿违。还有的人是看问题过于狭隘，只考虑自己，不顾及其他，凡是不对自己脾气的，都一概予以否定。另一种便是用放大镜甚至是显微镜看人，将下属的微不足道的缺点放大。

少说负面话的关键，是要有一个积极乐观的心态。生活中并不缺乏美，而是缺少发现。"只剩下5发子弹了"，悲观的人会这样说。"还有5发子弹呢"，积极的人会这样说。积极的心态，就是相信"办法总比困难多""我一定能赢""我一定能完成这个任务"。积极的人是不会只带着问题来的，他一定会同时带来了答案，即使这个答案很糟糕。

【例2-4】

如此看问题

一位老太太有两个女儿，大女儿卖雨伞，小女儿卖冰棍。晴天雨伞卖不出去，老太太就埋怨老天为什么不下雨；雨天冰棍卖不动，老太太就抱怨为什么不赶快出太阳。后来有人开导她说，晴天你小女儿冰棍卖得火，雨天你大女儿雨伞卖得快，你天天都有高兴事，还有什么可埋怨的呢？老太太一想，果然！于是脸上便由阴转晴，心情也一下子就好起来了。

［点评］无论在日常生活还是在工作中，督导与人相处，都要有良好的心态，

注意发现对方身上的闪光点。有时还需要用自己身上的闪光点去照亮别人，让大家的心境都明亮开朗起来，支持配合自己的工作。

【例2-5】

卖鞋子的故事

一个公司有两家鞋厂，各派一位推销员到太平洋上的一个小岛推销鞋子。这个岛地处热带，岛上居民一年四季都光着脚，全岛上找不出一双鞋子。

甲厂的推销员很失望，给公司本部拍了一份电报："岛上无人穿鞋，没有市场。"第二天，他就回国了。乙厂的推销员看到岛上没人穿鞋，心中大喜，他住了下来，并给公司拍了电报："岛上无人穿鞋，市场潜力很大，请速寄100双鞋来。等适合岛上居民穿的软塑料凉鞋寄到岛上，这个推销员已与岛上的居民混熟了，他把99双凉鞋送给了岛上有名望的人和一些年轻人，自己留了一双穿。这种鞋不怕进水，又可保护脚不受蚊虫叮咬和石块戳伤，岛上居民穿上之后都觉得很舒服，不愿再脱下来。时机已到，推销员马上从公司运来大批鞋子，很快销售一空。一年后，岛上居民全部穿上了鞋子。

[点评] 同一个岛屿、同样赤脚的人，第一个推销员失望地放弃努力，失败沮丧而回。第二个推销员惊喜万分，最后成功而归。成败之间，他们的差异在于心态是积极的还是消极的。这启示我们，饭店管理人员在日常工作中需要保持积极乐观的心态，自信、有激情，充分发挥员工斗志，激励员工，努力拼搏，积极向前。

图2-1 拥有自己的晴雨表

4. 避免情绪化

沟通双方的情绪会使信息的传递严重受阻或失真。情绪中的沟通常常无好话，既理不清也讲不明。在情绪中，很容易因冲动而失去理性，如：吵得不可开交的夫妻、反目成仇的父母子女、对峙已久的上司下属等。尤其是不能够在情绪中做出情绪性、冲动性的"决定"，这很容易让事情不可挽回，令人后悔。在饭店工作中，管理者如果带着怒气说了什么，不管你如何措辞，对方听到的将是你的怒气而非信息本身，信息被埋藏在情绪下面，而情绪却成了传出的信息。在这种情况下你应该怎么办？最简单的办法是暂停沟通直至自己恢复平静。

美国耶鲁大学心理学家彼得·萨络维在20世纪90年代初创造了"情绪智商"这一术语，简称情商。

情商的基本含义为：

（1）认识自己的情绪。知道自己现在的情绪如何，处于什么样的程度。

（2）妥善控制情绪。在认识自己的情绪的情况下，应善于控制情绪。

（3）自我激励。随时激励自己振作精神，乐观向上而不受其他因素影响。

（4）认知他人的情绪。即能够察言观色，清楚地了解对方的情绪以及在这种情绪支配下可能做出的行为。

作为一名优秀的管理者，必须具备相当高的情商。

【例2-6】

钉子被拔出后

从前有一个坏脾气的男孩，他父亲给了他一袋钉子。并且告诉他，每当他发脾气的时候就钉一个钉子在后院自家的围栏上。第一天，这个男孩钉下了37根钉子。慢慢地，每天钉的钉子少了，他发现控制自己的脾气要比钉钉子容易。于是，有一天，这个男孩再也不会失去耐性、乱发脾气。他告诉父亲这件事情。父亲又说，现在开始每当他能控制自己脾气的时候，就拔出一根钉子。一天天过去了，最后男孩告诉他的父亲，他终于把所有钉子给拔出来了。

父亲握着他的手，来到后院说："你做得很好，我的好孩子，但是看看那些围栏上的洞。这将永远不能恢复到从前的样子。你生气的时候说的话就像这些钉子一样留下了疤痕。如果你拿刀子捅别人一刀，不管你说了多少次对不起，那个伤口将永远存在。话语的伤痛就像真实的伤痛一样令人无法承受。"

【例2-7】

为什么我要让他决定我的行为？

美国专栏作家哈理斯（Sydney J.Harries）和朋友在报摊上买报纸，那朋友礼貌地对报贩说了声谢谢，但报贩却冷口冷脸，没发一言。

"这家伙态度很差，是不是？"他们继续前行时，哈理斯问道。

"他每天晚上都是这样的！"朋友说。

"那么你为什么还是对他那么客气?"哈理斯问他。

朋友答道:"为什么我要让他决定我的行为?"

[**点评**] 一个成熟的人握住自己快乐的钥匙,他不期待别人使他快乐,反而能将快乐与幸福带给别人。每个人心中都有把"快乐的钥匙",但我们却常常在不知不觉中把它交给别人掌管。

三、学会积极倾听

听,在沟通中占的比重是40%;说,占35%(见图2-1)。听在人际交往中起着非常重要的作用,大多数人在人际关系中要花去40%以上的时间有意识或无意识地听别人说话。

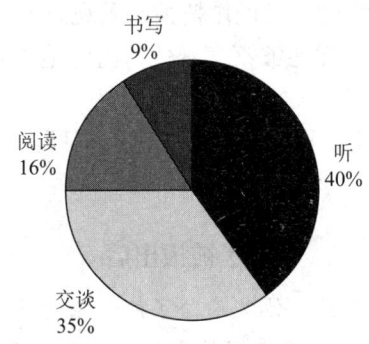

图2-2　沟通行为及所占比例

有一句西方谚语表达了人们应更多地注重倾听:"上帝给我们两只耳朵,却只给了一张嘴巴,其用意是要我们少说多听。"

听是人类的一种基本的内部技能,交流是听和说的艺术。很多管理者根本没有意识到听的重要性,他们不是在讲就是准备要讲。实际上,水平高的领导,往往是更多地去听别人,而不是滔滔不绝地讲给别人听。在某种程度上,听是管理者在沟通中最重要的技巧。倾听是管理者取得关于他人第一手信息、正确认识他人的重要途径,也是管理者向他人表示尊重的最好方式。

美国著名学者戴尔·卡耐基在谈到如何寻求他人的意见与自己一致时指出:

"多数人在要促成别人的意见同他们一致的时候,他们自己说话太多……如果你不同意他,你或许会想去阻止,但不要这样,那样是危险的。当他还有许多意见急于要发表的时候,他不会注意你。所以要忍耐着并用一颗开放的心静听,要诚恳,鼓励他完全地发表他的意见。"为此,他提出"使对方多说话"是处置抱怨的安全门。

William.R.Tracey 曾在《关键技能》一书中建议：

人力资源经理花 65% 的时间倾听，花 25% 的时间发言，余下的 10% 的时间才用于阅读和写作。

可见，倾听对于沟通的重要性。

【例 2-8】

"听"的重要性

乔·吉拉德被誉为当今世界最伟大的推销员，回忆往事时，他经常讲述到下面这件令他终生难忘的事。

在一次推销中，乔·吉拉德与客户洽谈顺利，正当快签约成交时，对方却突然变了卦。煮熟的鸭子竟然要飞了！当天晚上，按照顾客留下的地址，乔·吉拉德找上门去求教。客户见他满脸真诚，就实话实说："你的失败是由于你没有自始至终听我讲的话。就在我准备签约前，我提到我的独生子即将上大学，而且还提到他的运动成绩和他将来的抱负。我是以他为荣的，但是你当时却没有任何反应，而且还转过头去用手机和别人通电话，我一恼就改变主意了！"

这番话重重提醒了乔·吉拉德，使他领悟到"听"的重要性，让他认识到如果不能自始至终倾听对方讲话的内容，认同顾客的心理感受，就会失去自己的顾客。

听比说的内容更多，但从小到大总有人培养我们去演讲，很少有人培养我们去倾听。而多数人都认为自己是善于倾听的人。然而，相关研究表明，人们平均只发挥了 1/4 的倾听水平。很多时候大家都认为自己在倾听。人们似乎相信，因为有耳朵，所以就在听，犹如相信因为有眼睛所以会读书一样。诸多没有意识到的有关倾听的坏毛病妨碍了倾听，如打断他人、易受干扰、匆匆定论等。

1. 听的方式

（1）听而不闻。所谓听而不闻，简言之，可以说是不做任何努力地去听，我们可以从听者的体态语言看出，他的眼神没有和你交流，他可能会左顾右盼，他的身体也可能会倒向一边。听而不闻，意味着不可能有一个好的沟通结果。督导不妨回忆一下，在平时工作中，什么时候会听而不闻？如何处理听而不闻？

（2）假装倾听。假装倾听，就是要做出倾听的样子让对方看到，当然，假装倾听也没有用心在听。在工作中常有假装倾听现象的发生，例如，上级对下级谈话时，下级惧怕上级的权力，所以做出倾听的样子，实际上没有听。假装倾听的人会努力做出倾听的样子，他的身体大幅度前倾，甚至用手托着下巴，但实际上是没有听。

（3）选择性倾听。选择性的倾听，就是只听一部分内容，倾向于倾听所期望或想听到的内容，如上级都希望听到好信息，对坏消息则有一种抗拒心理；员工都愿意听到上级的赞赏声，不愿听到批评声。选择性地倾听，同样也不是一种好的倾听方式。

（4）专注倾听。在对方讲话时，眼神能看着对方，抛开成见，专注倾听，认真地听对方讲话的内容，同时与自己的亲身经历做比较。

（5）设身处地倾听。不仅是听，而且努力在理解讲话者所说的内容，所以用心和脑，站在对方的利益上去听、去理解，这才是真正的、设身处地的倾听。设身处地地倾听是为了理解对方，多从对方的角度着想：他为什么要这么说？他这么说是为了表达什么样的信息、思想和情感？

2. 倾听的障碍

（1）观点不同。观点不同，是倾听的第一个障碍。每个人心里都有自己的观点，很难接受别人的观点。例如，当下级向上级提建议时，上级可能这样想："你的观点没有什么新意，你不用说，我都知道是怎么回事。"带着这样的想法，上级自然难以认真倾听对方的谈话。

（2）偏见。偏见是倾听的主要障碍。假设上级对某个下属产生了某种不好的看法："这个人没什么本事。"他汇报工作时，上级也不可能注意倾听。又假设管理者和某个人之间由于某种原因产生了隔阂，如果他有什么异议，管理者就可能认为他所做的一切都是冲着自己来的。无论他做出什么解释，管理者都会认为是借口。

（3）时间不足。时间不足，是影响管理者倾听最主要的沟通障碍之一，主要表现为以下两种情况：一是安排的时间过短，对方不能在这么短的时间内把事情说清楚；另一种情况是在工作过程中倾听，下属临时有重要的事情找到你寻求帮助，事先并没有约定好时间，你正忙着其他的事务，你只是草草地听着对方简单叙述，根本就没有时间认真倾听对方所要表达的内容。

（4）急于表达自己的观点。人们都有喜欢自己发言的倾向。发言通常被视为主动的行为，可以帮助说话者树立强有力的形象，而倾听则是被动的。在这种思维习惯下，人们容易在他人还未把话说完的时候，就迫不及待地打断对方，或者心里早已不耐烦了，往往不可能把对方的意思听懂、听全。督导在与下属沟通时，有一种优越感，经常会打断对方的话。

3. 跨越倾听，积极倾听

（1）对说话者所要说的话表现出兴趣。

①对说话者所要说的话表现出兴趣，这有助于自己更专注地听，说话者也会因此受到鼓励。有时候，人们愿意谈论他们自己或自己的想法，但害怕会得到负面的反应。所以，对说话者所要说的话表现出兴趣，可以鼓励他们进行清楚和全面的交流。

②以说话者为中心。人们的思维速度通常要比说话速度快四倍。听者的思维速度要比说话者的讲话速度快，在听的时候很容易走神和分心。因此要调整思绪，全神贯注，不去考虑其他事情，不断暗示自己："我应该听他（她）说话。"集中思考谈话内容与你已掌握的情况的联系。

③直接告诉说话者，你对他所说的话有兴趣，并说明原因。让说话者具体知道你对他的话感兴趣的原因，这能够鼓励交流，并且使谈话针对主题。如："我知道你在这个方面很有经验，所以我很想听听你的观点。""你看上去不太开心。告诉我发生了什么？"

④用非语言暗示建立和保持融洽关系。面对说话者，身体稍稍前倾；保持开放式体态语言；保持目光接触；适时地点头和微笑；给说话者回答和说明的时间。

⑤在说话者停顿或犹豫时，使用简短的言语暗示来鼓励对方继续交流。使用诸如"是的""嗯""对""好的""我明白了"之类的言语暗示可以帮助你专心聆听，而且可以鼓励说话者与你分享更多的信息。其他例句："还有呢？""这个信息对我太有用了！"等等。

⑥不做评判。有时，人们会忍不住想加入自己的想法，但这样一来，谈话中心立即从说话者转向你，如果你确实想让说话者讲出实情，并想获得你所需要的所有信息，你应让说话者讲完话，然后再提出你自己的观点。

（2）恰当提问。

①提出问题，以澄清和搜集信息，并使谈话针对主题。提出问题，是听者最有力的工具。有效地提出问题可以使听者由被动变为主动。通过提出合适的问题，我们能澄清你所听到的内容，并获取新资料，还可以使谈话针对主题，以便控制谈话。

所提问题一般可以分为两类：一种是封闭式的问题，这种问题的答案只有"是"或者"不是"两种；另一种是开放式的问题，开放式的问题没有统一的答案，它可以引发很多提问。如，会议结束了吗？你喜欢你的工作吗？你还有问题吗？这一类问题就不能用"是"或者"不是"来回答，而是要回答是什么的问题，因而从开放式的问题可以得到更多的信息。

表2-1 封闭式和开放式问题

封闭式问题	开放式问题
会议结束了吗？ 你喜欢你的工作吗？ 你还有问题吗？	会议怎么结束的？ 你喜欢你工作的哪些方面？ 你还有什么问题吗？

②使用开放式问题以寻求更多信息。开放式问题能鼓励对方作出详细的回

答。这些问题用诸如"谁""什么""怎样""请告诉我"等词开头。尽管"为什么"和"你怎么……"开头也构成开放式问题,但须慎用,因为这种问法会促使说话者进行自我防卫。

③慎用封闭式问题。封闭式问题经常用诸如"是否能""是否会""是否""是否将"等词提问。这种问题决定了通常只能以"是""不是"或一个简单的事实作回答。尽管这类问题限制了交流,但是当你想缩小讨论范围或想确定具体信息时,这类问题还是有效的。

(3)适当反馈。受话者所接收到的信息可能与说话者想要传递的信息并不完全一致。通过适当的反馈,就可以防止产生误解,而且避免日后导致问题。

①用自己的话复述所听到的内容。当谈话出现正常停顿时,复述或归纳你所听到的内容,这就给了说话者进行纠正和澄清的机会。如,"所以……""听上去你……""换句话说……"

②如果说话者不同意你的复述,你就要重述,直到相一致为止。

③对说话者的情绪表示理解。这使说话者有种被接受的感觉,而且有助于他在克服情绪干扰之后,回到要点上来。如,"那一定很令人失望。""我能理解你为何不情愿。""如果是我,我也会……"饭店管理者在处理客人投诉时,经常会采用上述说法,以平息客人的情绪。

(4)排除消极情绪。先不要下定论。在说话者准备讲话之前,受话者尽量不要对所要谈论的事情本身下定论,否则,就会戴着"有色眼镜"进行沟通,就不能设身处地、从对方的角度看待问题。

表2-2 可能的情绪及例子

可能的情绪	例子
先入为主,对对方的话根本无法专心倾听	"这件事根本就行不通,怎么这家伙又……"
个人好恶	"他的这个话题我根本就不感兴趣,都什么年头了!"
由对对方的个人看法引起	"怎么每次都是这个家伙来诉苦!"
由利益冲突造成	"想和我争?别想!"

四、运用有效的身体语言

身体语言,包括沟通者的动作、手势、面部表情、语音语调、目光手势等身体语言和副语言信息。

身体语言的表达常常是无意识的,但常常比口头语言更为直接。人们在口头表达时,即使一动不动地坐着,仍会在不知不觉中流露出自己的真实情感。美国心理学家艾伯特·梅拉比安有一个"55387"公式:在面对面的沟通中,信息总量=7%的有声语言+38%的语音+55%的身体语言,这充分说明了身体语言在人与人交流沟通过程中的重要性。

体态信息往往比言语信息更能打动人。督导作为组织沟通的信息发送者时，必须确保发出的非语言信息能够起到强化语言的作用；督导作为组织沟通的信息接收者时，同样要密切注视对方的非语言提示，从而全面理解对方的思想、情感。

（1）　　　　　　　　　（2）

图 2-3　身体语言

身体语言既细致入微又范围广阔，令人很难领悟和把握。然而，对身体语言的大致了解有助于督导进行日常沟通，改善沟通效果。

1. 身体语言的来源

身体信息，往往在人们没有开口以前就表露在他人面前了，那么，身体语言到底来源于何处？其实，人们所说和所做都来源于内心，来源于每个人的自尊和自我形象。

（1）自尊。是指每个人所具有的人生价值和期望，是自我满足程度的体现。

（2）自我形象。自我形象来源于自尊，即每个人如何看待自己。是成功的还是失败的，是乐观的还是悲观的……

每个人的自尊和看待自我的方法，在很大程度上决定了他想要说和想要做的一切（行为）。一个人的自尊和自我形象，甚至在他说话以前就已经显现给别人了，如穿着、举止、眼神、坐姿等。

2. 第一印象

第一印象总是至关重要的。任何首次会面的前 5 秒钟要比接下来的 5 分钟重要得多！在某一个场合，每个人只有一次机会给他人留下一个良好的第一印象。一位优秀的饭店管理者，总会非常注重留给他人最佳的第一印象。

第一印象是由什么决定的呢？

（1）形象。50% 的第一印象是由外表决定的。如衣着、戴的首饰、年龄、身高、体重、种族、性别、体重、肤色等。

（2）身体语言。在与他人初次交往时，要表现出自己最佳的身体语言。

——笔直和昂首挺胸的姿态

——坚定的眼神接触

——可信的微笑

——握手要坚决而不过于热情

——真实的声音

——尽量不做小动作

3. 身体语言的控制

身体语言在沟通中有重要的作用。然而，真正将身体语言有效地运用到沟通中去却不是一件很容易的事，这需要我们做两件事情：一是理解别人的身体语言，二是恰当使用自己的身体语言。

希尔顿饭店的创始人、世界旅馆业之王希尔顿就是一个注重"小事"的人，他要求他的员工："大家牢记，万万不可把我们心里的愁云摆在脸上！无论饭店本身遭到何等的困难，希尔顿服务员脸上的微笑永远是顾客的阳光。"正是这小小的永远的微笑，让希尔顿饭店的身影遍布世界各地。

如果希望给别人留下好印象，就必须控制自己那些负面的身体语言。在说话时，对自己的手势、姿态保持警觉，避免行为和言语出现矛盾，让别人产生不信任感甚至是敌意。

恰当使用自己的身体语言，要求做到以下几点：

（1）经常自省自己的身体语言

（2）有意识地运用身体语言

（3）注意身体语言的使用情境

（4）注意自己的角色与身体语言相称

（5）注意言行一致

（6）改掉不良的身体语言习惯

自省的目的是检验自己以往使用身体语言是否有效，是否自然，是否使人产生过误解。了解了这些，将有助于我们随时对自己的身体语言进行调节，使它有效地为我们的交往服务。

4. 常见身体语言的理解与运用

虽然身体语言既细致入微又范围广泛，很难领悟和把握，然而，对身体语言有大致了解将有助于我们了解他人的真实想法。例如，当人们因撒谎而感到内心不安时，他笨拙的身体语言会将这种不安表露无遗。

（1）姿势。积极的姿势能促进开诚布公的沟通，带来最佳效果；消极的姿势则会使沟通陷入困境。

姿势1（积极状态）：面向前方，采取大方的姿态，显示出十足的信心，正面注视，面带微笑，表示出态度友好。右手叉腰，表明进行控制的决心和能力。

姿势2（中间状态）：正面注视，表明注意力集中；松弛的四肢，表明缺乏紧张感。

姿势3（消极状态）：躲闪的目光，意在回避；拉耳朵的动作，表明心存疑虑；肩部低垂，表明缺乏信心；身体侧转，意味着拒绝接受他人所说的话。

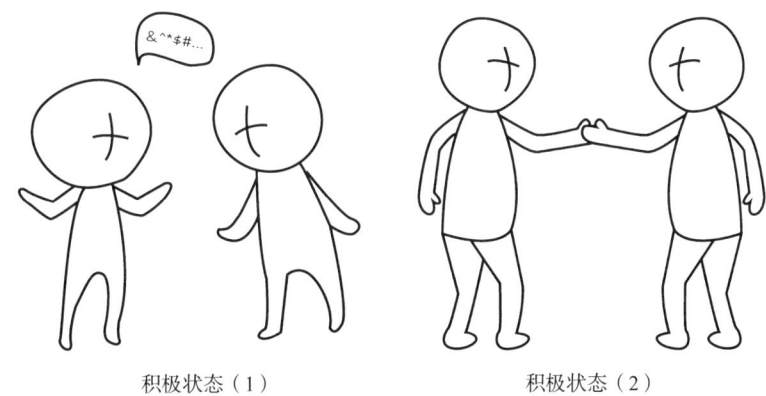

积极状态（1）　　　　　　积极状态（2）

图2-4

（2）手势。手势同姿势和面部表情等非语言沟通手段一起，成为身体语言的一个重要组成部分。无论是在面对大众的讲台上还是在面对面的会谈中，了解如何有效地运用手势，可以帮助我们有效地传递信息。

图2-5　手势

所有技巧娴熟的公共演说家都懂得运用手势进行强调。正确的手势可以在视觉效果上表达出我们言辞中的意思，可以起到强调的作用，帮助我们吸引别人的兴趣和注意力。

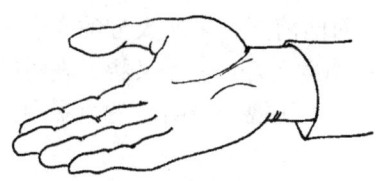

图 2-6 积极的手势

消极的手势，如用手指着对方、带有攻击性的手势、心不在焉地玩弄手表等，会削弱我们要表达的意图。

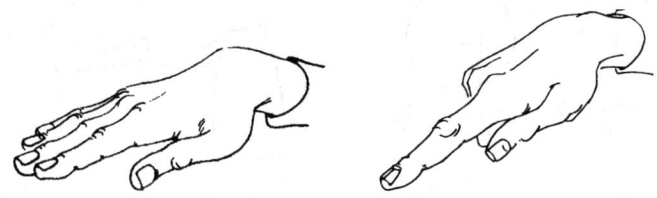

图 2-7 消极的手势

约翰·F.肯尼迪习惯用砍东西的动作，而希特勒则喜欢挥拳头。用拳头砸向掌心、用手指指或将手掌慢慢伸展等动作，都能强化你的口头表达效果。

记住：过火的手势（如拍桌子）会使听众对你敬而远之。如果你确实需要拍桌子，注意不要让你的说话声被淹没。

简单的手势可以结合在一起构成复杂的手势。例如，在私下会面时，如果对方把手放在面颊或下巴上，你可以知道他在听你讲话时正在对你进行评价。然而，要想知道这种评价是肯定的还是否定的，还要注意他们的其他动作——他们是在防卫性地交叉着双腿呢，还是攻击性地把头和下巴压低呢？

作为一种非语言沟通手段，同一手势运用在不同国家会有不同含义：

北美人用大拇指和食指做手势表示 OK（在丹麦人看来这是一种侮辱人的手势）；用一个手指指人（中国人认为这是粗鲁的）；法国人握手表示热情（英国人觉得这样做有些过分）；摇头表示否定（印度人用这一动作表示肯定）；在公共场合拥抱表示友好（新加坡人不能接受这种方式）。

（3）地盘和区域。为他人留出一定的私人空间，是身体语言的一部分。这种空间的大小随环境的改变而有所不同。例如，社交聚会上的客人要比在非社交场合相遇的陌生人站得近一些。当与他人站在一起时，请留出大约 1 米的私人空间，应该时时注意不要侵入他人的私人空间，以免激起防卫性或敌对性的反应。

亲密地盘（0.15~0.45 米）

这是一个适合于亲密交谈的区域，除了配偶、父母、子女等最亲密的人之外,其他人侵入这一领域,他(她)就会感到很不舒服。

请看下面这两幅画,在保持一定距离时,双方的谈话进行得很轻松,气氛也比较融洽(图2-8)。但当另一方侵入亲密区时,女方就不由自主地把身体向后倾(图2-9),这时气氛就比较紧张了。

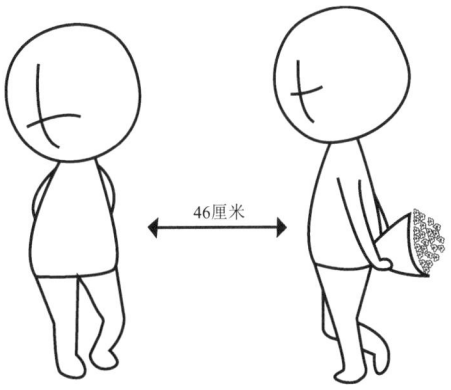

图2-8 社交区融洽谈话

图2-9 亲密区紧张谈话

个人地盘(0.46~1.22米)
在一般的社交场合,人们都保持这一距离。

社会地盘(1.22~3.6米)
在与陌生人打交道时,人们一般会与对方保持这一距离。

公共地盘(3.6米以上)
当人们对一大群人讲话时,往往会选择这样一个位置。

	讲　台	
57%	61%	57%
37%	54%	37%
31%	48%	31%

图 2-10　空间位置对学生课堂参与的影响

5. 读懂他人的身体语言

身体语言比口头语言能够表达更多的信息，因此，理解身体语言是理解他人的一个重要途径。从他人的目光、表情、身体运动与姿势，以及彼此之间的空间距离中，我们能感知到对方的心理状态。了解了对方的喜怒哀乐，我们就能够有的放矢地调整我们的交往行为。

理解他人的身体语言必须注意以下几个问题：

（1）身体语言要通过整个沟通过程来理解。同样的身体语言在不同性格的人身上意义可能不同，同样的身体语言在不同情境中意义也可能不同。

（2）要培养自己敏锐的观察力，善于从对方不自觉的姿势、目光中发现对方内心的真实状态。不要简单地下结论，身体就像一个无法关闭的传送器，时刻传送着人们的心情和状态。比如，中国人喜欢客套，当客人起身要走时，往往极力挽留，然而很多时候，这些挽留都并非出自诚意，这一点我们从主人的身体语言上是可以看出来的，口上说"慢走"，却早已摆出了送客的架势。

（3）语言通常用来表达正在思考的东西或概念，而非语言信息则较能传递情绪和感受。因此，在解读人们的身体语言时，必须考虑当时的情境、关系深浅、文化背景等外部因素。例如在西方，拥抱、亲吻是普通的社交礼仪，但在东方，却可能会被误解成轻佻无礼。

（4）理解别人的身体语言，最重要的是要从别人的角度来考虑问题。要用心去体验别人的情感状态，也就是心理学上常讲的要注意"移情"。当别人对你表情淡漠，很可能是由于对方遇到了不顺心的事，因此不要看到别人淡漠就觉得对方不重视你。站在别人的角度，替别人着想，才能使交往更富有人情味儿，使沟通更顺利。

表 2-3　常见的身体语言解读

传递的信息	常见的身体语言
开放与接纳	咧着嘴笑；手掌打开；双眼平视
配合	谈话时，身体前倾，坐在椅子边缘；全身放松、双手打开；解开外套纽扣；手托着脸
自信	抬高下巴；坐时上半身前倾；站立时抬头挺胸、双手背在身后；手放进口袋时露出大拇指；掌心相对、手指合起来呈尖塔状；翻动外套领子

续表

传递的信息	常见的身体语言
紧张	吹口哨；抽烟；坐立不安；以手掩口；使劲拉耳朵；绞扭双手；把钱、钥匙弄得叮当响
缺乏安全感	捏弄自己的皮肤；咬笔杆；两个拇指交互绕动；啃指甲
挫折	呼吸急促；紧握双手不放；拨弄头发；抚摸后颈；握拳；绞扭双手；用食指点物
防卫	双臂交叉于胸前；偷瞄、侧视；摸鼻子；揉眼睛；笑时紧闭双唇；紧缩下巴；说话时眼睛看地上；瞪视；双手紧握；说话时指着对方；握拳做手势；抚摸后颈；摩拳擦掌；双手交握放在后脑勺，整个人向后靠在椅背上

图 2-11　开放与防卫

6. 恰当模仿对方的动作

"物以类聚"是天条，人们相似之处愈多，彼此就愈能接纳和欣赏对方。我们喜欢的不会是处处与自己唱反调、"话不投机半句多"的人。我们应该喜欢和自己个性、观念或志趣相投的人，相互有共同的话题，对事物有相同的看法或观点，或是有相似的环境及背景。沟通也是如此，彼此之间的共同点愈多就愈容易沟通。我们是否有过这种体验，曾经碰到过一个接触不久就一见如故相见恨晚的人，莫名地对他有一种信赖感和好感？

通过有意地与他人在言谈举止上保持一致，可以与对方建立良好的合作关系，如有客人气急败坏地投诉时，员工应该相应地有遗憾、同情的表情，而不能面带微笑、不急不慢。

通过模仿对方的方式，让一个人无论在文字、声音、身体语言等方面都能和对方达成共同的沟通模式。换言之，当两人所使用的文字、说话的语气、音调、说话的态度、呼吸的方式，及频率、表情、手势、举止等都处于一种共同的状态时，自然会产生一种共鸣，会直觉地认为，对方与自己个性相近，并且产生一种亲切和信赖感，由于这种感觉的产生是无意识的，所以也称镜面映现，为一种潜意识沟通模式。

曾经有人做过一个实验，当一个人模仿另一个人的生理状态时，他们会有相同的内心感受，甚至于相似的想法和感受，事实上，这种模仿的过程其实每个人都已经在做了，只是没有意识到而已。我们可以找两个感情很好的朋友或一对夫妻，仔细观察他们在讲话时的表情、姿势、身体动作或用字遣词，肯定都有许多共同或相似之处。

（1）模仿对方音调速度。不同感官类型的人，他们说话的速度、音调是不同的。

◆视觉型的人，说话速度快，音调也较高，他们的呼吸较为短促，所以视觉型的人在呼吸时，胸腔起伏较明显，而且在说话时经常耸肩伸颈；

◆听觉型的人，说话不疾不徐，音调平和、呼吸匀称，通常在胃部起伏，较大声说话时喜欢侧耳垂肩；

◆感觉型的人，说话慢吞吞的，声音低沉，说话时停顿时间长（需要去感受及思考），说话时，所使用的肢体动作较多，也通常以腹部呼吸。

对不同感官类型的人，我们得使用不同的速度音调来说话，换句话说，得用他的频率来和他沟通。

以听觉型的人为例，如果我们想和他沟通或说服他做件事，但是却用视觉型飞快的速度跟他描述，恐怕收效不大。相反，我们需要和他一样用听觉型的说话方式，不疾不徐地用和他一样的说话速度和音调，他才能听得真切，否则我们说得再好，他也有可能没有懂。对待视觉型的人，如果用感觉型的方式对他说话，慢吞吞而且不时停顿地说出自己的想法，不把他急死才怪。

所以，在对客服务中，对不同的客人要用不同的方式来说话：客人说话速度快，我们得跟他一样快；客人说话声调高，我们得和他一样高；客人讲话时常停顿，我们得和他一样也时常停顿。能做到这一点，才能更好地提高我们的沟通能力、建立我们的亲和力。

（2）模仿对方肢体动作。肢体动作、脸部表情、呼吸的模仿，是最能帮助我们进入他人频道及建立亲切感的有效方式。当我们和他人谈话沟通时，模仿其站姿或坐姿，手和肩的摆放姿势以及举止。对方耸肩伸颈，我们也耸肩伸颈，对方脸部有何表情，我们也有相同的表情。当我们能模仿得惟妙惟肖时，对方会莫名其妙地开始喜欢我们、接纳我们，而且觉得和我们一见如故。但在做这种模仿时，要谨记别去模仿他人的缺陷。

要模仿一个人时，必须具备敏锐的观察力及弹性，而唯一能让你熟练的方式就是练习！一开始模仿他人的动作、表情、呼吸时，你会觉得非常不自在，同时做得不好或不像，这是必然的现象，不过，当你练习得够多够久之后，你对人们生理上的变化及肌肉的使用会变得特别敏锐。这时，你甚至不必刻意去模仿他人的生理状态，便能自然地做出和对方相同的动作、表情和呼吸来。当你能达到这种地步时，成功也就离你不远了。

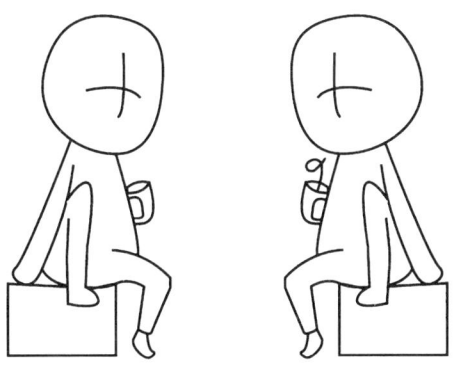

图 2-12　模仿他人动作

7. 测试融洽关系

在沟通时，有时明确自己与他人融洽关系的程度是很重要的。我们可以通过"引导"来测试彼此关系的程度。可以做一个小小的试验：我们与别人坐在一起，移动一下自己的位置，看看其他人是否跟随你这样做，如果其他人跟随我们的引导，也调整他们的位置以适应你的新位置，说明彼此之间的关系是融洽的，这种跟随越迅速，关系越融洽。

典型案例

一家著名的公司在面试员工的过程中，经常会让10位应聘者在一个空荡的会议室里一起做一个小游戏，很多应聘者在这个时候都会感到不知所措。

做游戏时，主考官就在旁边看，他不在乎你说的是什么，也不在乎你说的是否正确，他是看你说、听、问这三种行为是否都出现，并且这三种行为是否按一定比例出现。如果一个人要表现自己，他的话会非常多，始终在喋喋不休地说，可想而知，这个人将是第一个被请出考场或者被淘汰的人。如果你坐在那儿只是听，不说也不问，那么，也将很快被淘汰。只有在游戏的过程中又说又听，同时会问，这样就意味着你具备了良好的沟通技巧。

【案例评析】

我们每个人在沟通的时候，一定要养成一个良好的沟通习惯：说、听、问三种行为都要出现，并且这三者之间的比例要协调，如果具备了这些，你将成为一个良好的沟通者。

问答题

1. 举例谈谈有效沟通要遵循哪些原则？
2. 以"心态决定命运"为题写一篇演讲稿，在班上讲演。
3. 想一想，自己在工作中，哪些听的行为是单向的？原因是什么？
4. 在沟通中，你容易出现的"不愿听对方说话"的原因是什么？你是如何处理的？你认为自己能够在哪些方面有改进？
5. 什么是第一印象？谈谈第一印象的重要性。
6. 以你的经历，如果你跟别人第一次见面，对方给你留下最深刻的印象是什么？
7. 想想看，一个曾给你留下最好印象的人，究竟哪方面吸引你？留下最不好印象的人是谁？究竟他在哪方面不好？你应该如何给人一个好印象？
8. 什么是身体语言？互相观察同座同学的身体语言，指出其好的方面和需改进之处。

沟通游戏

"你在听吗？"

以两个人为一组，甲在一张白纸上画两三种形状的图形（如圆形、正方形、长方形、三角形），然后向乙（不要让乙看到你画的图形）描述自己画的画，乙则照此描述在另一张白纸上画，尽可能画得一模一样，不能问问题或说话。完成后，两人交换角色。

问题：

1. 你们两人画得图形像吗？
2. 你从这一游戏中得到了什么启发？

小组练习

分小组讨论比较下列对话中几种回答的利弊，你会如何回答呢？说出你的理由。

对话（一）

你的一位下属对你说：

"我在完成你交代的工作时遇到一个问题。我收集了所有的资料，但不知道怎样把它们综合起来才能突出重点。"

你的回答：

1. 我能理解你，这项工作的确很难，更何况你没有这方面的经验。
2. 我有个主意，去找小王，他有这方面的经验，肯定能帮你的。

3. 如果我没有理解错的话，你是要我帮你完成工作了。
4. 我已经和你解释过怎样做了，你必须努力去完成。
5. 你的综合概括能力不行。

对话（二）

一位同事对你说："你今天早上看到小张的脸色了吗？说不定他又和老王吵架了。我挺喜欢小张的，所以我也很不痛快，我可不希望他出差错。"

你的回答：

1. 是真的吗？到底是怎么回事啊？
2. 你不用担心，会没事的。我清楚小张这人，他会消气的。
3. 你把这事看得太严重了，你不要也扯进去。
4. 你是为小张担心，因为他和老王有矛盾。
5. 你今天中午最好和小张一起吃饭，安慰他一下。

对话（三）

下午，刚上班时你的一位下属对你说："我想今天早点下班，我要到托儿所去接女儿。我的电动自行车坏了去修了，如果和平常一样6点走的话，会来不及的。"

你的回答：

1. 这个月你已经是第三次要求早走了，你应该知道这样对班组的影响不好。
2. 你想早点下班，是为了去取修好的电动车吧。
3. 你要几点下班？
4. 没关系，去吧，这星期加点班把时间补上就行了。
5. 这的确是件麻烦事，但应该可以解决的，这样吧，早走1个小时，可以吗？

对话（四）

你的一位同事对你说："我已经是第四年做同样的工作了，烦死人了。每天做同样的工作是很枯燥的。我虽然能很好完成现在的工作，但我并不满足，我需要机会再一次证明自己的能力。"

你的回答：

1. 经过这四年的工作，你认为你已经掌握了现在这个职务的所有一切，并且能担任更重要的职位。
2. 我能理解你，现在的工作对你来说是很枯燥。
3. 那么，你有什么打算吗？

4. 这么说，你是想换个职位？

5. 我建议你去和经理沟通一下，看看能不能换个职位。

6. 你太没有耐心了，我不认为你掌握了现在这个职务所需具备的一切，你再好好想想吧。

对话（五）

你的一位同事对你说："这到底是怎么回事，主管已经是第四次要求我重新做这个工作，也不知道他到底要干什么？不管怎样，我可不想再做第五次了，我还有其他很多事要做呢！"

你的回答：

1. 这没什么大不了的，老弟。时间长了就会好的。
2. 冷静点，光生气也解决不了问题！
3. 你知道要你重新做的原因吗？
4. 你是要我到主管那里帮你转达一下你的意见吧。
5. 为什么你不在明天下午开会的时候，把这个问题提出来？

自我测试

请根据自身情况回答：

1. 一贯　　　2. 多数情况下有　　　3. 偶尔　　　4. 几乎从来没有

题目	1	2	3	4
1. 力求听对方讲话的实质而不是话的字面意义	○	○	○	○
2. 以全身的姿势表达你在入神地听对方说话	○	○	○	○
3. 别人讲话时不急于插话、不打断对方的话	○	○	○	○
4. 不会一边听对方说话一边考虑自己的事	○	○	○	○
5. 做到听批评意见时不激动，耐心地听对方把话说完	○	○	○	○
6. 即使对别人的话不感兴趣，也耐心地听对方将话说完	○	○	○	○
7. 不因为对说话者有偏见而拒绝听他说话	○	○	○	○
8. 即使对方地位低，也要对他持称赞态度，认真听他讲话	○	○	○	○
9. 因某事情绪激动或心情不好时，避免把情绪发泄在他人身上	○	○	○	○
10. 听不懂对方所说意思时，利用有反射听的方法来核实他的意思	○	○	○	○
11. 利用反馈证明你正确地理解对方的思想	○	○	○	○
12. 鼓励对方表达出他自己的思想	○	○	○	○
13. 用归纳法重述对方的思想，以免曲解或漏掉对方所传达的信息	○	○	○	○

续表

题目	1	2	3	4
14. 避免只听自己想听的部分,注意对方的全部思想	○	○	○	○
15. 以适当的姿势鼓励对方把心里话都说出来	○	○	○	○
16. 和对方保持适度的目光接触	○	○	○	○
17. 既听对方的口头信息,也注意对方所表达的情感	○	○	○	○
18. 与人交谈时选用最合适的位置,使对方感到舒适	○	○	○	○
19. 能观察出对方的言语和心理是否一致	○	○	○	○
20. 注意对方的非口头语所表达的意思	○	○	○	○
21. 向讲话者表达出你理解了他的情感	○	○	○	○
22. 不匆忙下结论,不轻易判断或批评对方的话	○	○	○	○
23. 听话时把周围的干扰因素排除到最低限度	○	○	○	○
24. 不向讲话者提太多问题,以免对方产生防御反应	○	○	○	○
25. 对方表达能力差时不急躁,积极引导对方把想法准确地表达出来	○	○	○	○
26. 在必要时边听边做笔记	○	○	○	○
27. 对方讲话速度慢时,抓住空隙整理出对方的主要思想	○	○	○	○
28. 不指手画脚地替讲话者出主意,而是帮助对方确信自己有解决问题的办法	○	○	○	○
29. 不伪装,认真听人家讲话	○	○	○	○
30. 经常锻炼自己的倾听能力	○	○	○	○

评分标准:A—4分;B—3分;C—2分;D—1分。

分析:总分在105~120分之间,说明你的倾听能力为"优";89~104分为"良";73~88分为"一般";72分以下则为"差"。

单元三

建立良好的客户关系

学习目标

客人需求信息的收集，良好客户关系的建立，提高对客沟通的技巧

学习内容

◆ 建立服务信息体系
◆ 关注服务接触点
◆ 提高对客沟通技巧
◆ 提升宾客体验
◆ 客人投诉的处理

客户关系，是指企业为达到其经营目标，主动与客户建立起的某种联系。客户关系管理是一个过程，通过这个过程，企业有效掌握和利用宾客信息，通过建立良好客户关系，增加宾客的忠诚度。

在18世纪末、19世纪初，现代商业饭店管理大师斯塔特勒广泛宣传的饭店经营成功的关键要素是饭店的地理位置；20世纪80年代，饭店业主普遍认为，服务质量是饭店成功的关键要素；现在，越来越多的饭店管理者认为，现代饭店经营成功的关键要素是客户关系，即员工与客人之间的关系。培育客户忠诚度，与有价值的客户保持长期稳定的关系，是企业获得持续竞争优势的关键。

建立良好客户关系常见问题：
（1）宾客信息体系不健全
（2）服务体验性不强
（3）对客沟通技巧不够
（4）解决问题的能力不足

一、建立宾客信息体系

俗话说：要想钓到鱼，首先要问问鱼儿爱吃什么。服务不是蒙了眼睛蛮干，而是要了解宾客的真正需求，积极主动地收集客人信息，建立全方位的信息体

系，这是建立良好客户关系的根本。

在丽思·卡尔顿全球联网的系统档案中，详细记载了数十万客户的详细资料。有一次，韩国一家跨国集团公司的副总裁到澳大利亚出差，当他住进丽思·卡尔顿酒店后，便打电话给客房中心，要求将卫生间内的润肤乳液换成另一种婴儿牌的产品，饭店很快满足了他的要求。三周后，当这位副总裁住进美国新墨西哥的丽思·卡尔顿酒店，他发现卫生间里已经摆着他所熟悉的婴儿牌乳液，一种回家的感觉在心中油然而生。凭借信息技术和多一点点的用心，丽思·卡尔顿酒店使宾至如归不再是口号。丽思·卡尔顿全球联网的电脑档案中记载的客户个人资料，是每一个宾客和卡尔顿员工共同拥有的小秘密，使宾客满意在他乡。

美国沃尔玛的老板前有一个习惯，在看沃尔玛的门面时，他喜欢站在门口。他说，公司碰到什么问题，顾客对公司有什么想法，只有站在门口才能发现这些信息。对饭店而言，最容易出现问题的地方一定是在大堂，所以，饭店大堂通常设有一个大堂副理，他的职责就是要替饭店总经理观察进出的宾客。就像沃尔玛的老板那样，站到门口去看看宾客发生了什么事儿，及时收集相关信息。遗憾的是，很多饭店的大堂副理只是坐在那里打电脑，或者在写公文、看文件。不在大厅不断巡视，如何有效收集宾客信息呢？

（一）客人信息的收集

1. 网络平台

（1）网络点评。随着互联网的快速发展和移动互联时代的到来，越来越多的消费者通过网络获取信息、发表评论。据2018年4月中国饭店协会联合众荟信息发布的《2018年中国住宿业市场网络口碑报告》显示，2017年，全国共产生点评3600多万点，日均接近10万条，分析观点超过1.3亿个。网络点评、在线口碑越来越受到企业的重视。饭店对点评的管理也不再局限于及时回复好评与处理差评，很多饭店对点评内容进行更深入的分析，从客人的体验反馈中发现管理、服务、设施中的不足，找到改善的地方，从而不断优化管理与服务，提升饭店的品牌力和竞争力。饭店管理者还可以针对不同人群的点评进行分类分析，寻找不同出行目的消费者关注的服务差异化和需求满意度差异化，以便提供个性化服务。借助网络平台，饭店管理者还可以与所在城市同档次的竞争对手进行对比，从消费者的角度分析自己的优势和劣势分别表现在哪些维度上，针对劣势进行改进。

（2）其他数据。在大数据时代，饭店可以利用的数据绝不限于点评数据，用户在搜索预订平台上的搜索、浏览、预订等行为数据，饭店的预订、平均房价等运营数据，消费偏好等数据都可以为饭店所利用。这些数据可以辅助饭店不断地优化与改善产品与服务，提升宾客的入住体验，培养与发展更多的忠诚用户，形成可持续竞争力。

【例 3-1】

二维码扫描点评

为了更好地收集客人住店意见、方便客人点评，一些饭店在各营业场所、公共区域（如客房、餐厅、前台、电梯间等）普遍印有二维码，方便客人随时随地拿起手机扫描点评，客人无须烦琐的文字输入，可以通过语音留言，把将内心的想法"说"出来。饭店管理者登录后台，即可实时获取对客人体验的反馈意见，及时通过各种方法解决客人的吐槽、投诉，将住客的负面情绪留在饭店，避免在公开渠道发泄。

2."宾客意见书"

"宾客意见书"是被饭店广泛采用的一种获得信息的方式。具体做法是将设计好问题的意见征求表格放置于客房内或其他营业场所易于被客人取到的地方，由客人自行填写并投入饭店设置的意见收集箱内或交至大堂副理处。

表 3-1　客人意见反馈表

```
                    中国大酒店
                    CHINA HOTEL
                    BY Marriott
        Guest Response Form
            客人意见反馈表
            お客様ご意見表
Guest Name                Room Number
客人姓名 お名前 ____        房号 お部屋番号 ____
Name of Associate         Dept.
员工姓名 担当者名 ____      部门 部署 ____
Date                      Time
日期 日時 ____             时间 時間 ____
Comments:
意见 ご意見
_____
_____
_____
Action Taken:
采取的措施 行った処置
_____
_____
Time Taken 所用时间 担当者名
        Guest Satisfaction with Result
            客人对处理结果的满意程度
            結果に対するお客様の満足度
□ Delighted        □ Satisfied        □ Unhappy
极为高兴 とても満足  满意 満足         不满意 不満足
White: File (GSD) Green: Concerned Dept.   Yellow: Reg Card
白色：存档          绿色：相关部门      黄色：入住登记表
白：ファイル        緑：関係部門        黄：登録カード
```

为提高"宾客意见书"的返回率,需精心研究设计"宾客意见书",栏目清晰,方便填写。

表3-2 宾客意见书

```
尊贵的宾客:
  欢迎您的光临! 我们愿为您提供最高水准的菜品及服务!为不断的自我完善,追求完美,感谢
您能真诚的填写此意见表,我们衷心感谢您的支持,并愿您在此度过轻松愉快的时光!
          您的建议和意见将成为我们的宝贵财富!

菜品:    ☺        ☺        😐        ☹
        非常好      好       一般      差

服务:    ☺        ☺        😐        ☹
        非常好      好       一般      差

环境:    ☺        ☺        😐        ☹
        非常好      好       一般      差

你认为最差的菜品:_____
你认为最好的菜品:_____
你的其他意见:_____

宾客姓名:_____    电  话:_____
用餐台号:_____    服务员:_____
日   期:      年    月    日
```

为了更好地收集宾客意见,不少饭店设立了互动式网站,让宾客把自己的想法和感受通过网络充分展现出来,与宾客进行互动式交流,为饭店提供信息来源。例如,如家饭店在其网站上发放电子问询表,主动征求宾客意见,依据宾客反馈的意见不断提高服务质量、提升产品品质。

3.专项调查

专项调查是针对客人的一种专门调查,以有的放矢收集某些信息,如"长住客人需求征求表""菜肴质量意见表"等。专项调查一般事先设计好调查表,放置在客人容易看到之处,如床头柜、餐桌等。这种专项调查更有针对性,更能获取客人对某一服务的需求信息。

表 3-3　客人对房间打扫的特别要求

房　号		时　间	
内　容			
客人签名			
服务员签名			
备　注			

4. 员工意见反馈

饭店一线员工是与顾客接触最多、对顾客的需求及满意情况最为了解的人,他们的信息来源最丰富、最快捷、最直接、最可靠。如一位基层员工肯定比管理者更经常听到类似的信息:"你们的浴巾太硬了,用着非常不舒服。""这道菜太咸了。"如能通过科学的渠道对这些信息加以收集、反馈,其效益将是十分显著的。国际上流行的、行之有效的员工信息反馈系统（Employee Feedback System）充分反映了国际饭店对员工信息的重视程度。

督导要培训员工学会收集信息,对信息要有敏感性。如餐厅有客人点了宫保鸡丁,却一口未吃,服务员就应主动询问,获取信息。

另外,饭店要从制度上提供保证,建立快速反馈机制。保证员工广泛收集到的意见能及时得到反馈,使之成为员工工作的一个组成部分。

（1）法定反馈。员工在与客人的接触过程中,有许多信息是要以制度的形式明确规定必须反馈的。这种法定反馈往往采用固定的表格形式,并明确规定填写人、反馈路线等内容。如"宾客投诉情况反馈表""常客意见/消费信息反馈表""会议、团体负责人意见调查表""大堂副理每日工作报告表"等。

【例 3-2】

餐厅服务信息记录本

某饭店餐厅经理给每个服务员专门定制了餐厅服务信息记录本,所有员工必须现场第一时间记录下顾客的一切有关就餐的评价和意见。每位员工有一个小皮夹,内放手机、名片、笔和记录纸。员工要把客人现场的评价和意见悄悄地详细记录下来。"客人对菜品很满意,特别是浓汤豌豆,辣汁野菌煮云吞。""今天点菜点得多了,有点浪费"……对所有评价和意见,每天收集汇总,及时分类处理。对特别重要的意见,酒店按单次给予奖励。客人不经意间的评价才是最真实、最有价值的。

（2）案例提供。服务工作千变万化，没有一套规章制度可以囊括服务工作中遇到的所有情况，而服务案例的收集与整理正是弥补饭店规章制度这种不足的一种行之有效的方法。服务案例是饭店员工智慧的沉淀与积累，是新员工入职培训不可多得的教材，也是透视顾客需求与饭店服务水平的窗口。为了使更多的一线员工自觉参与案例提供工作，管理者可采用多种鼓励方式：如将员工提供的案例在店刊上发表及将案例的提供与员工的晋级、晋升挂钩等。

（3）小组座谈。小组座谈可以集思广益，充分调动员工的积极性。例如，在某饭店西餐部的一次小组讨论活动上，有员工提出了在实际工作中遇到的这样一个问题：多数本地客人对西餐正规的出品顺序表示不耐烦和不满，他们更希望汤同主盘一起上，而不是分开来。小组成员就此展开了热烈的讨论，有人坚持既然是西餐厅就应该按照西餐特有的服务标准和规范，客人有不同意见应向他们解释清楚，并加以积极的引导；也有员工认为，客人并不喜欢服务员教他们怎么做，还是应该主动顺应客人的需要因人而异提供服务……最终，后一种意见占了上风，小组成员并专门就此次讨论的内容向部门递交了改进方案。

（4）总经理信箱。总经理信箱制度是一种开放式的员工意见征询制度，它不限于"总经理"及"信箱"这些特定的形式，可以多形式、多层次地开展。关键是要对员工提出的意见或信息给予及时的答复，对被采纳的合理化建议要进行必要的奖励，否则，总经理信箱可能会成为聋子的耳朵——摆设。

【例3-3】

地铁出行口诀

南京中心大酒店是一家位于市中心新街口的五星级酒店，有自驾游的住店客人询问去夫子庙的路线，员工往往不假思索地回答："开车10分钟即到。"结果客人游玩回来非常不满意，抱怨说："开车10来分钟是到夫子庙了，但是找车位就找了半个多个小时。"

酒店前厅部一位员工非常用心，专门为此事到夫子庙踩点，结果发现，坐地铁去夫子庙更便捷。该员工还根据乘坐情况编了去夫子庙的出行顺口溜：

夫子庙：1号线（地铁1号线），2站路，三山街（站），4号口（出站），5分钟（步行时间）

该员工的做法得到了酒店管理层的认可和重奖。为方便旅游者，酒店专门制作了一张从酒店到市区主要游览景点地铁出行口诀卡片，小小举措彰显了酒店员工的服务精神。

中山陵：2号线（地铁2号线），4站路，苜蓿园（站），1号口（出站），（转）游览车

玄武湖：1号线（地铁1号线），3站路，玄武门（站），3号口（出站），5分钟（步行时间）

5. 现场访问

现场访问是抓住与客人会面的短暂机会，尽可能多地获取顾客的意见、看法。现场访问是饭店业获得顾客意见的一种最重要方法，一名成熟的督导应善于抓住并创造机会，对宾客现场访问调查。事实上，现场访问可利用的机会很多。如对VIP客人在迎来送往中的现场访问、每天选择几间客房带上名片、鲜花对住客进行拜访等。

现场访问掌握得好，是一种沟通感情的好方法；如掌握得不好，则无疑是对客人的一种打扰。因此，管理者一定要掌握好一个"度"，注意区分时间、场合、气氛、对象是否适合进行现场访问，并要把握好谈话的时间与分寸。

6. 现场巡视

现场巡视法是指管理者通过例行的工作巡视，采用现场观察的方式来获得有关信息的方法。督导亲临服务现场，对于掌握服务工作中的第一手资料，从整体上了解宾客的需求与服务水平，客观评价下属工作，激发工作士气等有着十分重要的作用。

7. 经营数据分析

客人的消费情况是客人需求倾向与好恶的一个重要反映。在日常工作中，管理者应重视各种经营数据的收集与分析，正确把握客人的需求与期望。

【小资料】

我是顾客，我想说的10句心里话

（1）请笑着欢迎我，我很敏感，能感觉到你的情绪，我和你一样，喜欢开心地生活；

（2）我喜欢被尊重，我喜欢被人记住姓名，也希望知道你是谁；

（3）请不要急着推销你的产品，请先了解我到底需要什么，我会买的；

（4）我的问题不多，但请你真诚地帮我解决，你帮助了我，我是很容易信任你的；

（5）如果我在为我的亲人选择产品，希望你和我一样多关心他，那样我会被感动；

（6）打小就知道王婆卖瓜，所以我也不喜欢自我标榜，我相信切实的数据和无可辩驳的第三方证据；

（7）如果我暂时不想买，你能不能和我多说说话，我不喜欢冰冷的态度；

（8）请笑着和我说再见；我会再来的，如果我没记得，请您提醒我；

（9）能和你做朋友我将会很开心，我也很乐意帮助我的朋友；

（10）偶尔的一个意外惊喜，哪怕是一个卤鸡蛋，我也会如朋友般感动你记得我。点滴之间都是人性的温暖……

（二）饭店信息的传递

客人在饭店消费需要知晓很多信息，饭店传递信息时要做到以下几点：

1. 主动告知

许多饭店对客服务中有这样的要求：有问必答、百问不烦、百答不厌。其实，有问必答并非是优质服务的表现，饭店为什么不能主动向客人告知与客人相关的信息呢？让客人提问本身就是给客人带来了麻烦。

【例3-4】

门把手上挂个告示牌

通常，饭店的结账退房时间是中午12时，过了这个时间，如果当天预离店的客人还未退房，回房时会发现房卡打不开房门了，很多客人不清楚其中的缘由，就会问客房服务员，并叫服务员为他们开门。而服务员还须向总台核实该客人的身份。客人等得不满意，也影响了客房服务员的工作。其实，对此类客房，到了饭店规定的退房时间，可以在门把手上挂个告示，提醒客人已到退房时间，如果需要续住可与总台联系。

【例3-5】

同行人员住房表

同行人员租用饭店几间客房，往往不清楚其他人员的房间号，有时容易记错。为方便同行人员联系，可为有预订的客人提前准备好"同行人员住房表"并放入客人房间；无预订的客人，则可等客人登记入住后，再将此表（见表3-5）放进客房，以方便客人间互相联系。

尊敬的：

欢迎您入住××大饭店，为方便您的联系，以下是您同行人员房间安排表。

姓　名	房　号	内线电话

2. 及时准确

饭店给客人传递信息时，一定要做到及时正确。

北京大栅栏附近有一家酒店，每天下午将次日天安门广场升旗、降旗仪式的具体时间抄写在大堂的告示板上，方便客人获知相关信息，此举大大方便了客人。

【例3-6】

众口不一的爬山时间

一次，王先生在泰山脚下的一家饭店入住，第二天决定去爬泰山。登记入住时向总台询问爬上泰山顶需要多长时间，接待员A说要3个小时，接待员B说至少要7个小时，大堂副理说要5个小时。王先生亲自去爬才发现，按照一般的速度，从段庙一直走到中天门只要2个小时。王先生又从其他游客那里得知，坐索道从天门到山顶只要10多分钟，走路最多1个小时。

[点评] 饭店管理者应培训员工熟知饭店附近的景点信息，尽可能准确地详尽地把信息提供给顾客，并使员工明白如何利用信息咨询这个机会为饭店留住客人。一些宾客经常询问的信息应以书面形式予以固化，便于员工及时查找。

3. 明确具体

不论是口头还是书面表述，均应做到明确具体。试比较以下两种说法：

说法一：凭房卡免费提供一杯饮料。

说法二：凭房卡免费提供一杯迎宾酒。

说法一会让客人理解为在饭店任意消费可获赠一杯饮料，而第二种说法就进行了限定。

【例3-7】

房价"含早"，是一人份还是双人餐？

张先生11月5日在南京某酒店官网上预订了一间大床房，销售网页上标明了房价"含早餐"，价格为378元。11月9日下午，张先生夫妇到了南京，随后到酒店办理入住手续。第二天一早，两人去吃早餐时，却被酒店工作人员拦在了门外。工作人员表示，一个房间只送一个免费早餐名额，另一人要自费20元才能吃早餐。听到这话，张先生很生气。他认为这跟酒店网页宣传的不一样，于是便和酒店工作人员吵了起来，随后拨打了当地市场监督管理局的电话进行投诉。

执法人员到酒店现场调查处理时发现，酒店网页上只标明了房价内含早餐，并没有对入住房间的人数等事项进行另外说明及限制。执法人员认为由此认为要求张先生多付钱是不合理的。最终酒店承认宣传有误，退还张先生20元。

[点评] 对于早餐券的问题，大多数酒店都会直接用标签标注"双早""单早""无早"等，客人预订时就可以看得一清二楚。如果需要加餐，部分酒

店也有明确说明，如某连锁酒店就在预订页面标明，加早餐，58元/人。也有酒店虽然标注房间可"2人入住""多人入住"，但是附赠的早餐券是"单早"。总之，酒店应在预订页面显著位置明确标识相关规定，以保障消费者的知情权。

4. 要有亲和力

不论是口头还是书面传递的信息，在表达上都应注意要有亲和力，以便拉近与客人的距离。

【例3-8】

三张环保卡片

某饭店的客房里放有三张环保卡片。

其一，是一张非常具有人情味的卡片，上面写着：

"尊敬的宾客：

如果您在打点行李时忘带了洗漱用品（牙刷、牙膏、剃须刀、须后膏、梳子等），只要给客房部打个电话，我们将立刻免费给您送来。"

其二，是放在卫生间的一张卡片，上面写着：

"尊敬的宾客：

您可曾想过，每天世界各地的饭店有多少吨毛巾毫无必要地更换洗涤，因此而耗用的数量巨大的洗涤剂对我们的水资源造成多大的污染？为了我们共同的环境，请您做出决定，将毛巾投入浴缸表明您要求将其更换；否则就意味着您愿意继续使用，我们将为您挂放整齐。谢谢您对环保的支持！"

其三，是放在床头柜上的卡片，上面写着：

"尊敬的宾客：

通常我们每天都对客人的床单进行换洗，如果您觉得没有必要，请于清晨将此卡放在床上，这一天您的床单将不再更换。感谢您对饭店绿色行动的支持！"

（三）信息的处理

1. 数据分析

管理者应根据本饭店的具体情况，将搜集到的信息按其特点进行分类，统计分析归档，为饭店经营决策、改进服务提供原始数据资料。如某四星级饭店要求客房中心员工每个月、每个季度对客人服务需求做统计分析，从中发现客人服务需求。

2. 建立客史档案

客史档案（Guest History Record），又称客人档案，是饭店对在店消费客人的个人情况、消费行为、信用状况、偏好和期望等特殊要求所做的历史记录。它其实就是将日常工作中收集到的关于客人的一切信息都进行详细记录，使之形成一套制度化的系统的规范文本。客史档案是饭店销售的重要工具，是改善经营管理和提高服务质量的重要资料。

客史档案通常包括以下内容：

（1）常规档案：客人姓名、性别、年龄、出生年月、婚姻状况以及通信地址、电话号码、公司名称、职务等；

（2）预订档案：包括客人的订房方式、订房数量、订房时间、订房类型等；

（3）消费档案：包括房间价格、客人入住房间、餐费以及商品购买等项目；

（4）习俗爱好档案：如客人喜欢的房间和服务方式，从而了解客人的消费水平、消费喜好；

（5）反馈信息档案：客人意见、投诉及处理结果等。

一些高档饭店的管家服务"客史档案"记录的客人需求信息更为齐全：从客人生日到客人水果、酒水、客用品偏好到家乡城市等一应俱全。

表3-4 客人信息记录表

Birthdays 客人的生日	Butler last visit 上次入住管家
Anniversary 周年纪念日	Wine preference 红酒偏好
Special Occasion 特殊事件	Music preferred 音乐偏好
Repeat guest 熟客	Golfer 是否打高尔夫
usual game played 喜爱游戏	Fruit preferred 水果偏好
Suite preference 套房设置偏好	Newspaper preferred 报纸偏好
Drink preference 酒水偏好	Magazines preferred 杂志偏好
Food preference 饮食偏好	amenity preferred 客用品偏好
Tea/coffe preference 茶/咖啡偏好	Previous complaints 此前投诉内容
Breakfast time 早餐时间	Physical handicap 身体残疾
Breakfast standing order 早餐常规订单	Allergies 过敏
Pillow type 偏好枕头类型	Dietary requirements 饮食需求注意
Wardrobe care 衣橱护理	Likes/Dislikes 喜欢的人与物/厌恶的
Unpacking requested 行李打开要求	Home city 家乡城市
……	……

二、关注服务接触点（MOT 关键时刻）

饭店业的一个基本特征是，员工及饭店其他资源和宾客发生的服务接触，服务提供和消费过程通常同时发生，即员工提供服务给宾客的时刻，也正是宾客消费服务的时刻。员工及饭店资源和宾客之间发生的这种接触时刻就是饭店服务接触点——Moments of Truth（MOT）。

"Moments of Truth"一词是由北欧航空公司前总裁詹·卡尔森创造。卡尔森在 1981 年进入北欧航空公司担任总裁时，该公司已连续亏损且金额庞大。然而，不到一年时间，卡尔森就使该公司扭亏转盈。这样的业绩完全得益于北欧航空公司员工认识到了 MOT 关键时刻的重要性：在一年中，在与每一位乘客的接触中，包含了上千万个"MOT"，如果每一个 MOT 都是正面的，那么客户就会更加忠诚，为企业创造源源不断的利润。卡尔森认为，关键时刻就是宾客与北欧航空公司的职员面对面相互交流的时刻，放大之，就是客户与企业的各种资源发生接触的那一刻，这个时刻决定了企业未来的成败。

MOT 理论被西方学者认为是提高服务质量的有效办法，它主要针对营利性企业的研究而提出的，当然也同样适用于作为服务业代表的饭店企业。

饭店的关键时刻是指在特定的时间和特定的地点，员工借助这个机会向宾客展示饭店服务，以获取宾客满意的时刻。在这个关键时刻，服务人员的服务技巧、态度和宾客的期望、感知共同构成了服务的传递过程。MOT 决定了宾客头脑中对服务质量优劣的评价。管理好这些关键时刻，必定会为饭店带来良好的口碑，创造出更大的效益。

1. MOT 服务设计

服务需要设计，美国一家饭店管理公司根据卡尔森"Moments of Truth"的观点设计了顾客在酒店逗留期间的 39 个关键时刻，公司将 39 个关键点的每次接触看作是一次服务机会，其中，前厅有 17 个点。这些接触点就是为宾客提供优质服务、与客户建立关系的关键时刻，饭店需要对这些接触点的服务进行精心设计，为顾客创造一个美好的服务体验，并通过员工来实现这些关键时刻的服务，使宾客有宾至如归的感觉。

前厅服务接触点（MOT）

◆ 总机接到电话

◆ 客房预订处接到电话

◆ 提供信息或为客人订房间

◆ 客人到达饭店门前

◆ 客人走在大堂里

◆行李员向客人问好
◆客人登记入住
◆陪同客人去房间
◆客人退房
◆客人索要账单收据
◆送别客人

（1）感动客人。以礼宾员帮助客人提行李服务接触点为例，行李员可能有的服务行为有：

A. 客人招呼，行李员去帮助提行李
B. 行李员看到客人，走上前帮助提行李
C. 行李员看到客人，跑上前帮助提行李

显而易见，同样是提行李服务接触点，第三个服务设计中员工积极主动，更能体现饭店服务水准，感动客人，赢得客人好评。

（2）用户思维。服务设计更多需要站在宾客视角，为宾客需求进行设计。如为客人指路说方向，避免说东南西北，而应说左右前后，因为客人在异地他乡，方向感会比较差，尤其在大城市，说东南西北很容易让客人转糊涂。如上海波特曼·丽嘉酒店放在客房内的跑步地图上面没有指南针，只有左右、直行方向。

图 3-1　跑步地图（1）

> RECOMMENDED ROUTE
> 路程推荐
>
> Total distance is approximately 8 km
>
> The Portman Ritz-carlton,Shanghai (exit from the hotel, turn left)→Nanjing Rd West→-Nanjing Rd East (turn right)→Zhongshan Dong Yi Rd (turn right)→Fuzhou Rd→People's Ave (tum right)→Huangpi Rd North (turn left)→Nanjing Rd West→The Portman Ritz-carlton,Shanghai
>
> 总距离约 8 公里
>
> 上海波特曼丽嘉酒店（出酒店向左转）—南京西路—南京东路（向右转）—中山东一路（向右转）—福州路—人民大道（向右转）—黄陂北路（向左转）—南京西路—上海波特曼丽嘉酒店

图 3-2 跑步地图（2）

饭店管理人员可以在不同岗点开展 MOT 服务设计创意竞赛，如"零点餐厅"接触点：

（1）我怎样利用这个服务机会，使客人感到更受欢迎？
（2）我怎样利用这个服务机会，为客人提供更多的信息？
（3）我怎样利用这个服务机会，使客人感到更加愉悦？
（4）我怎样利用这个服务机会，使客人感到备受关心？
（5）我怎样利用这个服务机会，为酒店促销更多的菜品？
（6）我怎样利用这个服务机会，超越客人的期望？

2. MOT 服务标准制定

（1）服务程序及标准。服务程序如行李服务程序、送茶水服务程序等，即在服务操作上先做什么、后做什么。服务标准是保证关键时刻服务全面、准确及流畅的前提条件。表 3-5 为某酒店出租车服务标准，供学习参考。

表 3-5 出租车服务

客人的期望	我希望酒店可以提供给我高质量的出租车服务。出租车必须干净整洁，车况要好，司机要有良好的仪容仪表。我不希望为了价格与出租车司机发生争执。我希望能顺利安全地抵达目的地
步骤	做法及标准
1. 接受服务需求	接收到客人租车服务需求 如果客人希望保留一辆出租车，礼宾部员工必须提前为客人预留一辆出租车 出租车必须整洁、车况良好 出租车司机必须有良好的素质及仪容仪表
2. 记录	询问客人的目的地并将记录在酒店卡片上以备用 告诉客人需要等待的时间 当出租车过来时，将出租车车号记在酒店卡片上 如果客人有任何问题，都要为其耐心解答 把客人的目的地告诉司机

		续表
3. 运送行李	将客人的行李放进出租车的后备厢 与客人确认行李件数	
4. 客人上车	为客人打开出租车车门 在客人上车前将手放于车门上方,防止客人上车时碰到头	
5. 送别	再次与司机确认客人的目的地 致客人以最真诚的祝福 将写有出租车牌号的酒店卡交给客人	

（2）MOT 服务效率标准

服务效率标准，是指关键时刻服务的时效标准，如接到客人要求送茶水的电话后，3分钟内将沏好的茶水送至客房。服务效率标准是保证客人能得到及时、快捷、有效服务的前提条件，也是服务质量的保证。为了提高服务效率、提升宾客体验，有些酒店在总台摆放了一个计时 3 分钟的沙漏，如果在规定时间内没有办理好入住手续，客人有权不支付房费。

（3）MOT 服务状态标准

服务状态标准是对服务人员言行举止的标准。如"喜达屋关爱"对客服务计划，即喜达屋明星服务（STAR Srvice）提出了对客服务四大标准：

◆ 微笑与问候（Smile & Greet）

◆ 交谈与倾听（Talk & Listen）

◆ 回答与预计（Answer & Anticipate）

◆ 圆满地解决客人问题（Resolve）

这四条标准的第一个英文字母连起来刚好就是 STAR，即"明星"的意思，它言简意赅地涵盖了酒店行业服务的精髓。

3. 创新服务接触点

饭店管理者应训练员工对关键服务点的程序和诀窍进行有效掌握和运用，并且鼓励员工多创造新的关键点，如一句亲切的问候、一杯香浓的红茶等。每个员工都要把每个接触点都看作是一次服务机会，为客人创造良好的服务体验，使客人有物超所值的感觉。酒店可以通过发动全体员工，通过头脑风暴法来不断创新服务点子，从而在一个特定的服务接触点创造更多对客服务价值。

南京中心大酒店推出的"礼仪行动"创新服务接触点的要求是：（1）主动发现客人需求，让客人享受在其他酒店享受不到的服务，并给客人带来惊喜；（2）将服务做到极致，做到客人感动为止。酒店要求各部门各岗点根据礼仪行动的范畴并结合工作实际，列出本部门本岗点的礼仪行动具体条目，并在实践中不断丰富发展，目前，固化的礼仪活动条目已有 160 多条，创造了不少服务接触点，让客人产生"WOW"满意加惊喜的感觉，将头回客发展为回头客。

表 3-6　礼仪行动条目

部　门	礼仪行动
前厅部	1. 客人 CHECK-IN 时提供擦行李箱服务 2. 客人 CHECK-OUT 时准备早餐饭盒 3. 提供南京旅游地图和景区地铁出行小卡片 4. 客人外出游玩赠送矿泉水、纸巾 5. 帮助客人设计旅游路线 6. 客人离店后短信问候
客房部	1. 熨烫报纸服务 2. 个性化开夜床服务 3. 为电脑客户提供鼠标垫及电脑散热器 4. 衣物烘干服务 5. 客人花粉过敏送口罩 6. 赠送黄瓜片（女士美容用）
餐饮部	1. 客人咳嗽时提供冰糖蒸梨 2. 客人感冒时提供姜茶 3. 为老年人提供背靠垫 4. 提供擦眼镜布 5. 提供菜肴打包服务 6. 客人过生日的赠送生日蛋糕
保安部	1. 为自驾游客人擦洗车辆 2. 提供小件物品修理服务 3. 提供祝您一路平安卡

4. 提升宾客体验度

为了让枯燥的服务接触变成顾客的一次新奇体验，需要通过精心设计，增加与宾客的互动。迪斯尼的表演式服务是最好的借鉴。

（1）开展表演式服务。迪斯尼乐园的工作人员特别富有工作激情和表演才华，顾客置身其中，可以充分体验到什么是"快乐"。迪斯尼公司在培训新员工时，首先让新员工了解的服务理念是：管理者是导演，员工是演员，顾客是观众；一个职位是一个角色，一个工作说明是一个脚本，一套规章制度就是一个剧本，一班工作是一场表演，一套制服是一套表演服装，上班时穿上表演服装上台表演，下班时脱下制服下台休息。酒店工作也完全一样，服务人员上岗就如同演员在表演，观众就是顾客。如果演员的演技逼真、服务技能高，就会赢得宾客的赞赏。如客人到达饭店时，大堂经理健步上前亲自为客人拉车门，这一做法也是一种"秀"，秀给客人看，让客人的第一印象很深刻，让客人感到自己所受到的重视程度，在关键时刻留下完美印象。客人高兴、满意，饭店网评等各个方面自然也就提升了。

（2）重视服务仪式。仪式感是人们表达内心情感最直接的方式，它可以让一件平凡单调的小事变得庄重而颇具色彩。饭店管理人员要充分重视仪式感的设计，如当重要客人抵达饭店时，专门安排隆重的欢迎仪式，以表示对客人的重视。饭店常见的欢迎仪式是，饭店管理人员在大堂列队热情欢迎，服务人员根据季节特点给客人送上合适的欢迎茶饮和欢迎毛巾，特别隆重时送上鲜花。如桂林香格里拉大酒店对传统的饭店欢迎仪式做了改进和创新，安排员工穿上少数民族服装，在大堂用竹竿舞的形式欢迎远方来的客人，不仅员工自己跳，还可以与客人互动。这种创新的欢迎仪式既与众不同，又符合本地的文化特征，把民族文化有机融入了饭店服务之中，受到了宾客的好评，不少嘉宾积极参与其中，感受饭店的热情与友好，欢迎仪式为客人带来了好心情、赢得了客人的好评。

【例 3-9】

天目湖宾馆鱼头"开封仪式"

江苏天目湖宾馆有一道特色菜：天目湖鱼头。这道菜的上菜及服务流程有别于其他菜品，让用餐人员眼前一亮：首先，通过特别定制的档次和规格较高的器皿装盘并贴上"工商所专利封条"一并端到转盘上，接着，服务员站在桌旁微笑着介绍这道菜的口味、做法和获得的荣誉，大家听完后，服务员会请该桌主宾启动"开封仪式"，揭下封条后客人会得到酒店的小纪念品。之后是分菜环节，服务员会根据主宾、副主宾等座次按鱼头的不同部位分别上菜。在上菜时配上极具"口彩"的介绍，如鱼眼分给主宾时报菜名为"天目湖鱼头，祝您独具慧眼"等，让用餐人员感到了特色浓郁的饮食文化。

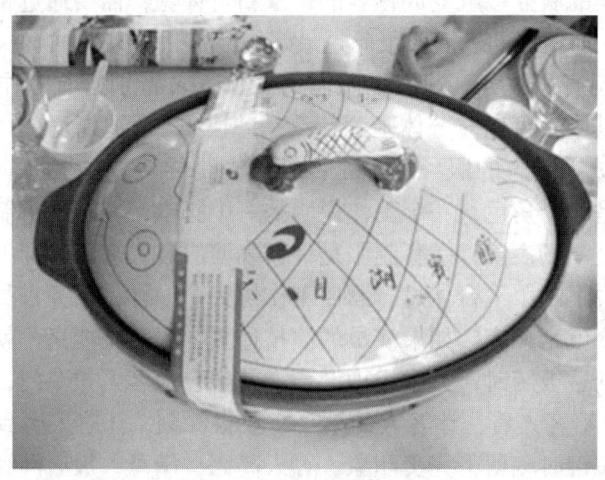

图 3-3　砂锅鱼头及封条

（3）增加互动环节。

【例3-10】

餐桌上的互动体验

一些餐饮品牌店连餐桌上的餐垫纸都不放过，把餐垫纸变身成108字谜，做成增加顾客体验感的一个服务环节，客人边等餐边猜字谜，让等餐不再无聊！这样设计餐垫纸的好处是：（1）等餐时的互动工具。顾客一坐下就开始猜谜语，满桌欢声笑语。（2）增加就餐趣味性，客人一边等餐一边猜字谜，让等餐时间变得有意义，如果顾客都答对了还可以得到一个纪念礼物，无形之中增加了顾客的忠诚度。（3）提升传播度。"这个字谜我猜不出来了，求教！"字谜餐垫纸自带传播属性，当客人猜不出来字谜时，第一个想法就是发微博、发朋友圈甚至私聊寻求外援，这些都是对餐厅的正面曝光和宣传。

图 3-4　餐桌上的餐垫纸

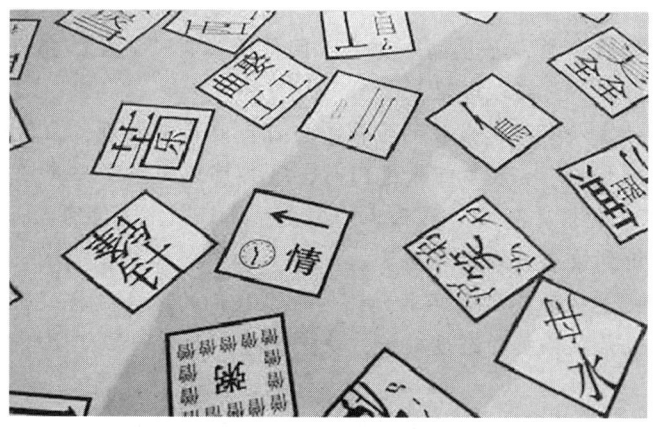

图 3-5　餐垫纸上的字谜

三、建立良好的客户关系

1. 给客人良好的第一印象

"推销商品前先推销自己。"督导经常会在一线与客人接触,这时,给客人留下良好的第一印象是十分重要的。督导必须做到:发型整齐、衣着整洁、精神饱满,具有职业形象、有亲和力。

【例3-11】

坏习惯差点毁掉了一个餐馆

在一家餐馆,有个领班时不时会蹭蹭鼻子,这让客人感到很不卫生,餐馆生意因此受到影响。直到有一天,一个比较直爽的客人当场向餐馆经理指出了这一点,大家才意识到了问题所在,并促其改正,餐馆生意才好转起来。一个餐厅领班的小习惯,差点毁掉了一个餐馆。可见,在服务行业特别是对客服务工作中,一定要克制自己的一些个人偏好,改掉一些长久养成的习惯,甚至是一些平时看来无关痛痒的小毛病,这是对人对己都负责的表现。

2. 对客人表示热情、尊重和关注

到目前为止,客人对企业服务投诉最多的问题是什么?是服务态度问题!只有做到充分尊重客人和客人的每一项需求,并以热情的工作态度去关注客人,客人才有可能感到满意。

(1)礼貌用语。向客人问候时必须要做到"口到、眼到、心到",并要注意灵活运用。

【例3-12】

三声"先生,您好"引起投诉

某大饭店的服务员,早晨向一位客人问候了三声"先生,您好",没想到却被这位客人投诉到了总经理那里。

原来,那位客人有早起散步的习惯。当日,他起来散步,出门时服务员问候了一声"先生,您好";散步回来进门时,服务员又问候了一声"先生,您好";上电梯时,一位服务员问候了第三声"先生,您好"。这位客人面对如此礼遇,反而把他们投诉到饭店总经理那里了。

刚一开始,总经理感到莫名其妙:为什么我们的服务这样规范还会被投诉?经过了解,原来是服务员的态度刻板,缺少情感,千人一面,让人心里不舒服。

(2)微笑服务。微笑是世界的共通语言,就算语言不通,一个微笑就能带给彼此一种会心的感觉。所以，笑是饭店从业人员最好的语言工具，在有些情况下甚至不需要一言一行，只要一个笑容就可以打动客人。

泰国的曼谷东方大饭店对员工微笑的要求是露出八颗牙齿。

新加坡航空公司的员工在练习微笑时用纸张遮住鼻子以下部分，让眼睛显露微笑。

携程网的电话预订中心墙上贴着一幅幅预订员微笑着接电话的宣传画，上面写着"听得见的微笑"。

肯德基的《顾客意见表》上写着"我们渴望您的微笑"。

日本长崎县机器人酒店的员工包括10个"仿人机器人"，这些机器人拥有许多像人一样的特征，比如呼吸、眨眼、眼神交流、阅读肢体语言，甚至精通多国语言。

（3）聚焦客人。虽然我们可能看不透客人内心到底在想些什么，但只要不放过客人的一举一动、在其身边静静待命，就可以推测出客人想要什么。

【例3-13】

如何知道不透明的杯子里饮料还剩多少

某饭店餐厅规定，当客人杯中的水只剩2/3时，就要给客人杯中倒满水。如果水杯是透明的，很容易掌握倒水的时机。但是在倒咖啡时，因为容器不透明，所以能把握住续杯的时机就是件很不简单的事。

"通过观察杯子与嘴的角度，就能掌握杯中饮料还剩多少。杯中饮料剩得越少，杯子的角度就越接近垂直。"只要掌握好这个窍门，不管离客人有多远，都不会错过给客人续杯的时机。

（4）个性化服务。个性化服务，意味着客人到了，要能以其姓氏称呼他（她），知道他（她）的爱好、习惯。名字的魅力非常奇妙，每个人都希望别人重视自己。重视别人的名字，就如同看重他一样。请记住并能说出客人的名字。

【例3-14】

给小兔子命名

沟通大师戴尔·卡耐基小的时候家里养了一群兔子。每天找寻青草喂食兔子，成为他每日固定的工作，有时候却没有办法找到兔子最喜欢吃的青草。因此，卡耐基想了一个方法：他邀请了邻近的小朋友到家里看兔子，要每位小朋友选出自己最喜欢的兔子，然后就用小朋友的名字给这些兔子命名。每位小朋友有了以自己名字命名的兔子后，每天都会迫不及待地送最好的青草给自己同名的兔子。

[点评]了解名字的魔力，能让你不劳所费就能获得别人的好感，千万不要疏忽了它，在面对客户时，若能经常、流利、不断地以尊重的方式称呼他（她）的名字，可以促进与客人的关系。

【例3-15】

"早晨好，大师兄"

著名武侠小说家金庸先生曾下榻金陵饭店，对这里无微不至的服务备感满意。一天清晨，他刚出门，遇上楼层领班小沙，她轻声称呼道："早晨好，大师兄。"精神矍铄的金先生为之一愣，旋即开心地笑了。因为这是他最喜欢的称呼，但他不明白小沙是如何知道的。原来领班花了两个晚上的时间上网查询他的资料，得知他笔下的"大师兄"均是集高强武艺、侠肝义胆、乐于助人为一身的英雄人物。

3.良好的表达能力

与客人沟通必须具备良好的表达能力：

（1）所表达的意图必须清晰、明确、具体。

（2）使用客人易懂的语言。

（3）尽量采用正面表达法。比如说，要感谢客人等候，常用的说法是："很抱歉让您久等。"

这"抱歉久等"实际上在潜意识中强化了对方"久等"这个感觉。比较正面的表达可以是：

"非常感谢您的耐心等待"。

试比较下面两种说法：

说法一：这里不可以吸烟。

说法二：如果要吸烟，请到大厅。

（4）善用"我"代替"你"。

试比下表不同的表达效果。

表3-7 习惯用语与专业用语

习惯用语	专业表达
你的名字叫什么？	请问，我可以知道您的名字吗？
你错了，不是那样的！	对不起，我没说清楚，但我想它工作的方式有些不同。
你做得不正确。	我得到了不同的结果。让我们一起来看看到底怎么回事。
你没有弄明白，这次听好了。	也许我说得不够清楚，请允许我再解释一遍。
如果你需要我的帮助，你必须……	我愿意帮助您，但首先我需要……

续表

习惯用语	专业表达
我不能给你他的手机号码。	您是否向他本人询问他的手机号？
当然会收到，但你必须把名字和地址给我。	我会立即发送一个给您。我能知道您的名字和地址吗？
那没有坏，所有系统都是那样工作的。	这说明系统是正常工作的。让我们一起看看到底哪儿出了问题。
注意，你必须今天做好！	如果您今天能完成，我们会非常感激。

4. 帮助客人解决问题

客人找到员工，接受员工的服务，他最根本的目的就是为了要员工帮助他妥善地解决问题。假设我们去餐厅吃饭时，如果餐厅的服务员对我们的服务态度很好，但是菜却做得不好吃，而且价格又很高，我们去了一次还会去第二次吗？

如果我们身体不舒服，要上医院，这时你有两种选择：一是去私人诊所，医生虽然特别热情，但我们不会很放心；二是去大医院，可能那里的医生态度很恶劣，但是我们会很放心。我们的第一选择会是什么呢？去吃饭时，菜好吃是最重要的；去医院看病时，能治好病才是最重要的。可见，帮助客人解决问题，往往是最重要的。

5. 迅速响应客人的需求

对客服务的另一个要求就是能迅速地响应宾客的需求，当客人对我们说明了其需求后，我们应在第一时间对客人的需求做出迅速反应。

【例 3-16】

对不起，请您向客房中心查询

住在某宾馆 401 房间的王先生早上起来想洗个热水澡放松一下。但洗至一半时，水突然变凉。王先生非常懊恼，匆匆洗完澡后给总台打电话抱怨。接到电话的接待员正忙着为前来退房的客人结账，一听客人说没有热水，一边工作一边回答："对不起，请您向客房中心查询，电话号码是 58。"本来一肚子气的王先生一听就来了气，嚷道："你们饭店怎么搞的，我洗不成澡向你们反映，你竟然让我再打其他电话！"说完，"啪"的一声就把电话挂上了。

【例 3-17】

免费的番茄汤

王女士等三人有一次用餐时点了番茄锅底，在用餐过程中让服务员盛了好几次番茄汤，结账时，这位员工拿着账单和一袋海底捞番茄锅底料，笑着对客人说："看您很喜欢喝我们的番茄汤，这份底料免费送给您，欢迎下次再来。"早就听闻海底捞对员工有不小的授权，但这位同时服务好几桌的服务员能记住王女士的几次需求并带来这样的惊喜却在客人的意料之外。餐厅的服务能有持续的浅层表演已经不错，但在海底捞，和客人完全陌生的服务员能因为一顿饭而站在客人的角度思考和体会，他们的走心，自然也就能抓住宾客的忠心。

6. 始终以客户为中心

在为客户提供服务的过程中，是否始终以你的客户为中心，是否始终关注他的心情、需求，这也是非常重要的。

【例 3-18】

如此对待老客户

一位先生进入餐厅："我总来你们这里吃饭，可是你们的老客户了！"

服务员："那我怎么没有见过您呢？"

"那你肯定是新来的，他们都见过我。"

"不可能呀，我都来了一年了，从来没见过您。"

[点评] 如果你是这位先生，你是否会觉得很没面子。

【例 3-19】

往返都能看见富士山

日本东京一家贸易公司有一位小姐专门负责为客商购买车票。她常给德国一家大公司的商务经理购买来往于东京、大阪之间的火车票。不久，这位德国的经理发现一件趣事：每次去大阪时，座位总在右窗边，返回东京时，座位总在左窗边。经理询问小姐其中的缘由。小姐笑答：车去大阪时，富士山在您右边，返回东京时，富士山已到了您的左边。我想，外国人都喜欢富士山的壮丽景色，所以就替您买了不同的车票。"就是这种不起眼的细心事，使德国经理十分感动，促使他把对这家日本公司的贸易额由 400 万马克提高到了 1200 万马克。他认为，在这样一件微不足道的小事上，这家公司的职员都能想得如此周到，那么，和他们做生意还有什么不放心的呢？"

【小资料】

手机聊天软件改善饭店与客人的关系

在手机尤其是智能手机高度普及的当代，即时通信已经成为大众在日常生活中的主要沟通方式，并开始用于客人和饭店的沟通当中。

2017 年第四季度，四季饭店集团上线了最新的移动端聊天，客人只需要在手机上打字，就可以像和亲朋好友聊天一般，以短消息的形式跟饭店工作人员保持实时沟通。

目前，用四季饭店官方 APP、Facebook Messenger 聊天应用、微信和短信中的任何一种方式，客人就可以咨询饭店信息、告知入住需求喜好、管理餐饮娱乐预订、呼叫客房服务、进行离店后沟通联络等，如果客人外语不好，官方 APP 还能针对包含中文在内的 100 多种语言进行实时互译，消除了沟通中的障碍。

四季饭店集团通过聊天平台，让客人的手机成为入住前、入住中、入住后有求必应的助手管家。通过聊天软件，客人在前往饭店需要开车导航时可以准确定位，躺在泳池边要喝鸡尾酒时也不必起身去吧台下单，需要送几条毛巾、几瓶水到客房，一条信息就能说得明白，寻找店外的当地特色体验也可以让礼宾人员发送图文供自己参考筛选……很重要的一点在于，聊天软件减轻了面对面交流时语言不通的压力，让客人能像发号施令一般把自己的需求传达出去，而饭店只要照做即可。

目前，不少饭店在自家开发的手机 APP 中加入了聊天功能，让其和客房预订、房间选择、手机开房、在线支付等功能捆绑一起，成为在会员计划基础上建立的手机端客服的一部分。而在一次次的入住过程中，饭店可以综合每个客人的入住历史、会员级别、入住需求、习惯偏好等信息，更好地为客人提供定制化的服务。而当客人越来越爱用手机 APP 时，也就慢慢培养了客户的忠诚度，这最终是可以转化为销售业绩的。

四、客人投诉的处理

无论什么星级的饭店，都会收到客人的投诉。督导经常在一线处理客人的投诉，掌握一定的投诉处理技巧是相当必要的。

（一）客人口头投诉的处理

1. 处理客人投诉的原则

投诉的客人是好客人。如果客人没有错，那么客人当然是对的；如果客人错了，请把对让给客人，因为客人对我们是最重要的。

【例 3-20】

"客人永远是正确的"

一天，麦克勒饭店总台走来一位客人。他气冲冲地质问总台服务员："那位服务员跟我争吵。我要你决定谁是谁非？"总台服务员问他："你要我决定什么？"客人说："决定我们之间的争吵。你别管吵什么。你只告诉我谁是谁非？"总台服务员问："不听一听他是怎么说就要我决定吗？"客人说："他怎么说、我怎么说你都不用管。"总台服务员心想这人一定是酒喝多了。他耸耸肩说："好吧。因为我对他的了解要比对你的了解多得多，要我说的话，是他对。"客人一听，掉转头回到房间，取了行李便退房离开了饭店。

在场的人中有一位名叫 E·M. 斯塔特勒（1863—1928）。他 9 岁进一家玻璃厂干活，13 岁进这家饭店当服务员，当时是饭店服务员领班，年纪还不到 16 岁。在看到这一切之后，他在永远随身携带的一本笔记上写下了几个字。在场的还有一位是饭店经理麦克勒，他走到斯塔特勒身边，问道："你刚才在笔记本上写的什么？"斯塔特勒把笔记本递给他看。上面写着："客人永远是正确的。"

麦克勒看后说："年轻人，你没有听一听那位服务员的意见就说他错，对他是不是太狠了一点儿？"

斯塔特勒回答说："不，先生。我的理论是他不应该跟客人争吵，不管发生了什么。"

"嗯，这倒是一个很好的理论，但是……"

"我们失去了一位顾客，不是吗？"

麦克勒没有作答。他沉思着走开了。一个月之后，斯塔特勒被提拔为总台夜班值日（相当于夜班经理）。

斯塔特勒日后成为美国也是世界饭店业的开山祖师之一。

2. 学会倾听

客人来投诉往往是不理性的甚至是愤怒的，他拒绝任何理性的合乎逻辑的建议。面对这样的顾客，有经验的督导都会微笑面对，先聆听，然后再进行解释、安抚工作。正在气头上的客人，只有等他发泄完了，才有可能听得进去你说的话，如果你所说的和他意见相左，那只会火上浇油，令事态进一步恶化。美国有一家汽车修理厂，他们有一条服务宗旨很有意思，叫作"先修理人，后修理车"。汽修厂的老板说：一个人的车坏了，他的心情会非常不好，我们应该学会倾听，先关注这个人的心情，然后再关注汽车。"先修理人，后修理车"讲的就是这个道理。

下面教你几招，让你在失控的客人面前学会如何把握自己的情绪。请自我对话：

（1）我是问题的解决者，我要控制局面。

（2）客人的抱怨不针对我，而是针对公司的产品或服务。

（3）保持冷静，做深呼吸。

（4）客人不满意，不是我不满意，我不能受他的影响。

（5）我需要冷静地听客人诉说，尽管他的措辞很激烈。

（6）我需要知道事情的经过和真相，所以我不能激动。

（7）我要用良好的情绪影响他，缓和他的紧张心情，使他放松。

3. 充分道歉

充分的道歉，表示督导已经对客人反映的情况有所了解，并对因为饭店产品的缺陷、工作不到位而给客人带来的不便感到内疚。道歉，可以使客人感受到饭店的诚意。即使过错不在饭店，但本着顾客至上的原则，我们也应该向客人道歉，因为客人永远是对的。

充分道歉时可以说：

"对您的遭遇，我非常抱歉（我很遗憾听到这样的事情发生）。"

"请告诉我事情的经过，让我来帮助您。"

记住：千万不要与客人争论谁对谁错，避免说下列火上浇油的话：

"你可能不明白。"

"你肯定弄错了。"

"这不可能的。"

"你别激动。"

"平静一点。"

表 3-8　引发和平息问题的话

可能引发问题的话	平息问题的话
政策	这是我们能做的
不可以	可以
我不知道	我可以查询
不	是
但是	并且
你本应该	我理解您
我们只能做到	这是我们能做的
这不是我的过错	我非常抱歉（承担责任）

4. 找出问题所在

仅是道歉、表示诚意是不够的，客人希望看到的是我们解决问题的实际行动。督导可以通过交谈、提问、复述等方式，了解相关的信息。

提问：关于服务方面的："出了什么问题了？"

关于客人的期望："原本应该是怎样的？"

复述："让我确认一下，这件事是这样的吗……"

5. 解决问题

给出一个解决的办法。

在明确客人投诉的原因之后，责任在饭店的，按照饭店的有关规定，与客人共同商讨解决问题的方式。

如果客人对提出的解决方案不满意，督导可以询问客人意见，看看客人到底需要怎样补偿才能够平息心中的不满，然后尽最大的可能来满足客人的需求。当然，如果客人提出的意见超出饭店的规定或是督导自身权限范围，那么应该先请示上级。

6. 跟踪服务

问题解决后，督导可以通过电话拜访、邮寄信函等方式，确认客人是否满意。并通过跟踪服务，挖掘客人的更多、更深层次的需求。

【例3-21】

您能帮我核对一下吗？

某日，一位在北京某饭店长住的客人到该店前厅收银处支付这段时间里用餐的费用。当他看到账单上的消费总金额时，马上火冒三丈："你们真是乱收费，我不可能有这么高的消费！"收银领班面带微笑地回答说："这样吧，您能帮我一起核对原始单据吗？"客人当然不表示异议，于是和领班一起就账单上的项目一一核对起来。其间，领班顺便对几笔大金额的消费如招待访客、饮用名酒……做了口头提醒，以唤起客人的回忆。等账目全部核对完毕，领班很有礼貌地说："谢谢您帮助我核对了账单，耽误了您的时间，劳驾了！"此时，客人知道自己错了，连声说："麻烦你了，真不好意思！"

［点评］前厅出纳部是个非常"敏感"的部门，最容易引起客人发火。在通常情况下，长住客人在饭店内用餐后都喜欢用"签单"的方式来结账，简单易行。但是，由于客人在用餐时容易忽视所点菜肴和酒类的价格，所以等事后到前厅付款看到账单上汇总的金额时，往往会大吃一惊，觉得自己并没有花费那么多，就会责怪餐厅所报的账目（包括价格）有差错，结果便会把火气发泄到收银员身上。

本例中的领班用美好的语言使客人熄了火，一开始她就揣摩客人的心理，避免用生硬的语言，像"签单上面肯定有你的签字""账单肯定不会错……"之类的话，使客人不至于因下不来台而恼羞成怒。本来饭店有规定，账单应由有异议的客人自己进行检查，而那位领班在处理矛盾时，先向客人道歉，然后邀请客人与自己一起核对账目，让客人通过核对去回忆每笔账的消费经过，这样做非常有说服力。果然，客人心服口服。尊重是语言礼貌的核心。说话时要尊重客人，即使客人发了火，也不要忘记尊重客人即尊重自己这一道理。

某饭店处理客人投诉的"七个一点":

◆耐心多一点

耐心倾听客人的抱怨,不要轻易打断客人的抱怨和牢骚,更不要批评客人的不足,要鼓励客人倾诉下去。客人的怨气如同气球里的空气,当他把牢骚发完了,他们就没有怨气了。

◆态度好一点

只要客人投诉,就表明客人对饭店的产品或服务不满意,他们觉得饭店亏待了他,如果处理时态度不友好,一定会加重他们的不满意,造成关系的进一步恶化。俗话说,"怒者不打笑脸人",若处理客人投诉时态度诚恳、礼貌热情,一定会缓解客人的抵触情绪。

◆动作快一点

处理投诉和抱怨的动作要快,这有四方面的好处:一是让客人感觉受到尊重,二是表明饭店有解决问题的诚意,三是可以防止客人的负面渲染对饭店造成更坏的影响,四是可以把损失降低到最小。建议当天给客人一个初步的答复。

◆语言得体一点

客人对饭店不满,在发泄时可能会言语过激,如果和客人针锋相对,势必恶化彼此关系。在解释问题的过程中,要十分注意措辞,要合情合理、得体大方,即使客人不对,也不要直接指出,尽量用婉转的语言和客人沟通。

◆补偿多一点

顾客抱怨或投诉,很大程度是因为他们的利益受到了损失,因此,客人希望获得安慰和经济补偿。这种补偿可以是物质上的,如更换配品、换房、赠送水果等;也可以是精神上的,如道歉等。让客人心满意足是补偿的原则。

◆层次高一点

客人提出投诉后都希望自己的问题受到重视,处理该问题的人员的层次将直接或间接影响客人的期待值以及解决问题的情绪。如果高层次的管理者能亲自为客人处理或打慰问电话,会化解客人的怨气和不满。

◆办法多一点

除了给客人慰问、道歉和经济补偿外,可以邀请客人参观饭店、参加研讨会等。

(二)在线差评处理

网络口碑的好与坏对饭店至关重要,因为大部分旅游者在选择某家饭店时会在网上查找其他客人关于该店的评论。饭店一定要及时回应客户的在线评论,尤其是差评。饭店回复差评的速度越快,看见差评的人就会越少。

1.感谢客人留下评论

对客人表示感谢,这是与客人友好沟通的专业表现。

2. 虚心接受客户的差评

客人可能在网上给了饭店一个很低的评分，甚至还在差评中仔细描述了自己在饭店的体验是如何如何不爽，遇到这种情况，首先要感谢客人，客人的关注和评论是改进工作的动力和源泉。

3. 向客人道歉

面对客户的投诉，出于对饭店形象的维护而进行适当的辩解是很自然的反应，但是，一定要记住，比辩解还重要的是，要照顾到客户的情绪。一声道歉，可以有效缓解客人的不满情绪，让客人觉得他们的投诉得到了回应，自己受到了重视。

4. 告诉客人解决方案

根据投诉的具体情况事先想好应对办法。例如，客户投诉前台服务态度差，可以告诉客人，饭店会对前台员工进行培训，保证服务质量。无论是什么情况的投诉，请告诉客人饭店的解决方案。

5. 邀请客户下次光临

因为客人的某一次不满而永久失去这个客户，这绝对是件亏本的事情。所以，回复客人投诉时需感谢客人的评论，并诚恳地邀请客人继续光临。

【例 3-22】

价格问题的回复

@果冻：整体不错，价格涨得很快，没有性价比优势了

【酒店回复】亲爱的朋友：您好！非常感谢您的好评！酒店价格上涨是顺应行业市场的动态趋势，望您体谅！价格上涨的同时我们也致力于为您提供更好的服务，并营造最舒适的入住环境，给您带来超值的入住体验！真诚期待您的再次光临！祝您平安！

【例 3-23】

早餐问题回复

@听雨：多次入住这个酒店，早餐有改善但还有提高空间，比如没有水果；煎蛋要排长队。早上吃饭的人真是多！

【酒店回复】亲爱的客人：感谢您在游玩期间选择入住我们酒店，希望您度过一段美好愉快的旅程。由于早上用餐的客人较多，未能及时给您提供周到的服务，我们非常抱歉。我们会将您的意见反馈给相关部门并及时作调整，让更多的客人能愉快地享用早餐。再次感谢您的入住，祝您开心每一天。

【例3-24】

交通问题回复

@望嘉：交通太不方便了。除了自驾，根本没有合理的交通手段。酒店也无法提供任何支援。有点失望……

【酒店回复】尊敬的宾客，感谢您入住**酒店。酒店的位置稍为偏远，但是能给您一个宁静的度假环境。这里青山绿水，蓝天白云，鸟语花香，很多客人慕名前来度假。政府部门将会完善进入酒店的道路，将有更加方便的高速路直接抵达酒店附近。酒店新推出了免费穿梭巴士，如果不是自驾的客人，可以提前预订穿梭巴士，在市区免费乘坐酒店班车。感谢您提出的意见，您的意见也是酒店日后改进的地方，希望您下次继续莅临。

典型案例

泰国的东方饭店具有悠久的历史，现在是公认的世界一流的城市度假饭店。东方饭店几乎天天客满，不提前一个月预订是很难有入住机会的，而且客人大多来自西方发达国家。东方饭店能够经营出这样优秀的业绩，靠的是什么？他们靠的是真功夫，是非同寻常的客户服务，也就是现在经常提到的客户关系管理。

他们的客户服务到底好到什么程度呢？我们不妨通过一个实例来感受一下。

于先生因公务经常出差泰国，并下榻在东方饭店，第一次入住时，良好的饭店环境和服务就给他留下了深刻的印象。当他第二次入住时几个细节更使他对饭店的好感迅速升级。

那天早上，在他走出房门准备去餐厅时，楼层服务生恭敬地问道："于先生是要用早餐吧？"于先生很奇怪，反问："你怎么知道我姓于？"服务生说："我们饭店规定要背熟所有客人的姓名。"这令于先生大吃一惊，因为他频繁往返于世界各地，入住过无数高级饭店，但这种情况还是第一次碰到。

于先生高兴地乘电梯下到餐厅所在的楼层，刚刚走出电梯门，餐厅服务生就说："于先生，里面请。"于先生更加疑惑，因为服务生并没有看到他的房卡，就问："你知道我姓于？"服务生答："上面的电话刚刚下来，说您已经下楼了。"如此高的效率让于先生再次大吃一惊。

于先生刚走进餐厅，服务小姐微笑着问："于先生还要老位子吗？"于先生的惊讶再次升级，心想："尽管我不是第一次在这里吃饭，但最近的一次也有一年多了，难道这里的服务小姐的记忆力那么好？"看到于先生惊讶的目光，服务小姐主动解释说："我刚刚查过电脑记录资料，您在去年的8月8日在靠近第二个窗口的位子上用过早餐。"于先生听后兴奋地说："老位子！老位子！"小姐接着问："老菜单，一个三明治，一杯咖啡，一只鸡蛋？"现在于先生已经不再惊讶了，

"老菜单，就要老菜单！"

上餐时餐厅赠送了于先生一碟小菜，由于这种小菜于先生是第一次看到，就问道："这是什么？"服务生后退两步说："这是我们特有的小菜。"服务生为什么要先后退两步呢？他是怕自己说话时口水不小心落在客人的食品上，这种细致的服务不要说在一般的饭店，就是在美国最好的饭店于先生都没有见过。这一次早餐给于先生留下了终生难忘的印象。

后来，由于业务调整的原因，于先生有3年时间没有到泰国去。在于先生生日的时候，突然收到一封东方饭店发来的生日贺卡，里面还附了一封短信，内容是：亲爱的于先生，您已经有3年没有来过我们这里了，我们全体人员都非常想念您，希望能再次见到您。今天是您的生日，祝您生日愉快。于先生当时激动得热泪盈眶，发誓如果再去泰国，绝对不会到其他饭店，一定要住在东方饭店，而且要说服所有的朋友也像他一样选择东方饭店，于先生看了一下信封，上面贴着一枚6元的邮票。

【案例评析】

6元钱，就这样买到了一颗心。这就是客户关系管理的魔力！

东方饭店非常重视培养忠实的客户，并且建立了一套完善的客户关系管理体系，使客户入住后可以得到无微不至的人性化服务。迄今为止，世界各国的20多万人曾经入住过那里。用他们的话说，只要每年有1/10的老顾客光顾，饭店就会永远客满。这就是东方饭店的成功秘诀。

问答题

1. 什么是客户关系？说说客户关系的重要性？
2. 分组收集不同酒店的网评（好评、差评各50条），并进行归类分析。
3. 拜访几位客人，听听他们对饭店服务的意见。
4. 什么是"关键时刻（MOT）"？请分析设计前厅部、餐饮部、客房部的5个关键时刻服务点。
5. 自我检查。在处理客人投诉时：
（1）为了更好地平息客人的抱怨，我还可以说些什么？
（2）我说的哪些话今后应该加以避免？
6. 你是如何理解"客人永远是对的"这句话的？
7. 联系实际工作，谈谈如何建立良好的客户关系。
8. 如何给客人留下良好的第一印象？

情景题

一个客人气愤地走到你面前，投诉他点的菜到现在还未上桌，要求退餐。你该如何处理？

小组讨论

分组讨论下面两个案例。

案例（一）

某中餐连锁店新开张，它以美味的食物、舒适的环境、良好的服务而生意兴隆。王先生禁不住美味诱惑前去品尝。果真如此，刚上台阶已闻到白斩鸡扑鼻的香味了。很快，服务员就按照王先生的要求拿来一袋已切好的白斩鸡以及一小袋姜末和一小袋酱油，王先生对服务员说道："我特别喜欢吃姜末，能否再给我一袋。""对不起，这是我们店里的规定，一位顾客只能有一袋姜末和一袋酱油。"服务员很有礼貌地答道。王先生只能就此罢休。

案例（二）

一天，某餐厅里来了三位衣着讲究的客人，服务员引至餐厅坐定，其中一位客人开了口："我要点××菜，你们一定要将味调得浓些，样子摆得漂亮一些。"随后转身对同伴说："这道菜很好吃，今天你们一定要尝尝。"菜点完后，服务员拿菜单去了厨房。再次上来时，便礼貌对客人说："先生，对不起，今天没有这道菜，给您换一道菜可以吗？"客人一听勃然大怒："你为什么不事先告诉我？让我们无故等了这么久，早说就去另一家餐厅了。"发了脾气，客人仍觉得在朋友面前丢了面子，于是，拂袖而去。

问题：在以上两个案例中服务员错在什么地方？请提出正确的做法。

分组讨论

出租车司机的客户关系管理

周春明开一辆车龄三年半的福特汽车，内装有些陈旧，比不上配备GPS、液晶电视的同行的车。个人计程车一般，每天开至少12个小时，一个月平均做6万元生意。但是，没有华丽的装备、每天工作8~10小时的周春明，上一年平均每月做了超过12万元的生意，全年约赚进85万元。他的秘诀是什么呢？

周春明将自己定位为"一群人的私家司机"，以形成差异化服务。

有一位客户告诉周春明："新手在乎价格、老手在乎价值，只有高手懂得用文化创造长久的竞争力。"逐渐地，周春明总结出出租车行业的客户关系管理法。那就是，了解顾客喜好，从早餐到谈天话题都客制化。

周春明说，每个客人上车前，他要先了解客人是谁，他关心的是什么？如果约好五点搭载讲师到桃园机场，他前一天就会跟企管顾问公司的业务人员打听客人的专长、个性，甚至连客人早餐吃什么，有什么喜好等都要问清楚。隔天早上,他会穿着西装,提早10分钟在楼下等客人,像随身护卫一样,扶着车顶,协助客人上车。这时,后座的保温袋里已放着自掏腰包买来的早餐。

他连开口跟客人讲话的方式都很讲究。如果是生客,他不随便搭讪,等客人用完餐后,才会问对方要小睡一下、听音乐还是聊天。如果对方选择聊天,周春明就会按照事前的准备,端出跟客人专长相关的有趣话题。但是,政治、宗教和其他客人的业务机密,他知道是谈话的禁区,会主动避开。

甚至连机场送机,该如何送行,他都有标准做法,不能说再见,要说一路顺风。如果是送老师到外县市讲课,一上车,也少不了当地名产和润喉的金橘柠檬茶,这些都是他自掏腰包准备的。周春明强调:"差异化,就是把服务做到一百零一分,做到客户自己都想不到的服务,才拿得到那一分。"

他还有一本顾客关系管理的秘籍,里面详细记载了所有熟客的喜好,光是早餐的饮料就有十种之多,有的要茶,有的要无糖可乐,如果是咖啡,几包糖、几包奶都要十分精确。通过系统管理,每个客户爱听什么音乐,爱吃什么小吃,关心什么,只要坐上周春明的车,他都尽力量身服务。他就像是客户专属的私人司机。

分组讨论:出租车司机的客户关系管理给我们什么启示?

单元四

督导与下属沟通的技巧

学习目标

通过本单元的学习,掌握与下属沟通的基本技巧,并在实际工作中加以运用。

学习内容

◆ 与下属沟通的误区
◆ 与下属沟通的渠道
◆ 了解下属的方法
◆ 下达指令的技巧
◆ 赞扬下属的技巧
◆ 批评下属的方法

美国著名未来学家奈斯比特曾指出:"未来竞争是管理的竞争,竞争的焦点在于每个社会组织内部成员之间及其外部组织的有效沟通上。"管理与被管理者之间的有效沟通是任何管理艺术的精髓。能否建立一个关系融洽、积极进取的班组,很大程度上取决于督导者是否善于与部下进行沟通,取决于督导是否善于运用沟通技巧。

向下沟通常见问题:

(1)习惯于单向沟通
(2)对下属缺乏了解
(3)不注意倾听
(4)工作方法单一
(5)沟通方式不当
(6)重反面激励、轻正面激励

一、了解你的下属

有这样一则寓言:一把坚实的大锁挂在大门上,一根铁杆费了九牛二虎之力,还是无法将它撬开。钥匙来了,他瘦小的身子钻进锁孔,只轻轻一转,那大锁就"啪"的一声转开了。铁杆奇怪地问:"为什么我费了那么大力气也打不开,而你却轻而易举地就把它打开了呢?"钥匙说:"因为我最了解它的心。"

如今,越来越多的90后员工进入饭店业,成为饭店业的生力军,管好90后员工就成为管理者们必须修炼的一门功课。90后员工思想活跃,才思敏捷,给企业带来了朝气和活力,当然,90后员工也比较情绪化,小情绪较多。管理者要学会运用情商,多采用鼓励性而非责备式的管理方法来对待他们。对90后员工情绪的调整以正确引导为主,即以朋友身份谈心,以教练方式引导,以家长方式关怀。

【例4-1】

"其实你不懂我的心"

某饭店主管找员工小李谈话。

主管:小李,你最近一段时间表现很不错,销售业绩有很大的提高。

小李:谢谢您的夸奖。

主管:饭店决定奖励你的进步,这样吧,授予你"优秀员工"的称号,好不好?

小李:这个……

主管:有什么想法就说,我会支持你的。

小李:那我就直说了,称号什么的就不必了,只是我现在住的地方离饭店实在太远,希望饭店能帮助我解决这个困难。

主管:啊……

[点评] 管理者一定要深入到员工中去,实施走动式的领导方式。只有了解实际情况,才更有发言权。

"其实你不懂我的心。"各位督导,你每天与下属一起工作,你懂下属的心吗?要真正赢得下属的心,督导首先要了解下属的所思所想。从某种程度上来说,下属的心是"驿动的心",督导只有善于察言观色,了解下属的个性、心理,了解员工的实际困难与个人需求,设法给予满足,在与他们沟通时才会得心应手,才会更好地驾驭他们并得到他们的支持和配合。

如何了解你的下属呢?

1. 善于察言观色

俗话说:"出门观天色,进门看脸色。"学会察言观色,是了解员工的最佳方式。督导平时要用心观察下属是如何工作的?他们对你、对同事的态度是温和的还是生硬的?他们在倾听和说话时有何种表情?什么能使他们愉快,什么能令他们沉默？尤其需要注意观察下属的异常行为，如发现员工情绪不佳、心事重重，应主动询问，然后采取适当措施。

【例 4-2】

王女士怎么了？

有一天早上，客房楼层领班上班时看到一贯情绪乐观的王女士脸色不好，就问她有什么心事？她笑笑说没有。是不是身体不舒服？她说没有，领班不便再追问，于是安排她做计划卫生。中午用餐时，领班有意喊上王女士一起吃饭，吃饭时一聊，才知道那天早上她和她丈夫吵架了。他们夫妻吵架虽然是私事，但王女士工作情绪不佳，会直接影响到对客服务。经过领班的劝说开导，王女士很快调整了情绪。

2. 设计专项调查表

为更好地了解下属，还可设计专项调查表，调查下属感兴趣的话题。

（1）员工们最感兴趣的六个话题。某项调查结果显示，下面六条正是员工们最感兴趣的六个话题，而这也正是企业管理者最不想公开的六个话题。

第一，企业的未来计划——我们没有必要告诉员工企业的未来计划。他们只要干好当前的工作就行了，没有必要了解事情的全局，因为我才是整体调度者。

第二，生产率的提高——怎么提高生产率我自有办法，他们要做的只是依据我的指导行事。

第三，人事政策和实行情况——我不能告诉他们这些，如果让他们知道了，谁知道会不会引起骚动呢。

第四，与职责有关的信息——员工自己会去弄明白的。

第五，职位提升的机会——这是管理层的机密，千万不能泄露。

第六，外部事件对自己职责的影响——他们到时就会了解的，不必告诉他们。

（2）员工对上级的情感需求。

对一家星级饭店的调查发现，员工对上级的情感需求有以下几点：

第一，偶尔拍拍我的后背。

第二，多听听我说话。

第三，别总逼我。

第四，让我提点建议。

第五，偶尔笑一笑。

第六，问问我的感受。

第七，别那么冷漠对我。

第八，对我的工作多看两眼。
第九，别总向我证明你有多聪明。
当这个调查报告出来，几乎出乎所有饭店管理者的意料。

3. 经常与手下员工保持联系

有学者认为：跟你闲聊，我投入的是最宝贵的资产——时间，这表明我很关心你的工作。

在饭店，从总经理到各级部门总监、主管都应经常在饭店巡视，关注每位员工的工作；平时也应注意收集自己员工的兴趣爱好，在奖励员工或在员工过生日时投其所好。作为管理者，应当多花点时间去了解每位员工做了些什么特别的事情，他需要什么样的鼓励和肯定。这对于让员工保持积极心态是非常关键的。

督导平时要多和下属接触，经常与他们聊聊工作、生活和学习，让下属感觉到你的关心。尤其是90后员工，督导更需要与他们交谈，了解他们的真实想法，听取他们的意见。90后在很多方面都是非常优秀的，脑子转得快，想问题能举一反三，做事灵活应变。他们还非常有主见、有想法，对于无法理解的事情不愿意服从，对于错误的问题勇于直言，这些都是90后的特点。

二、注意双向沟通

常有员工抱怨：上级根本不给员工提问和解释的机会。有实习生在一家高星级饭店客房部实习，领班给他一张客房计划卫生的单子，叫他去做，他都不知道怎么做，也不敢去问，问了后也没有好的回答，说不定还会骂他怎么那么笨，连这个都不会。所以也不敢去问，只能是摸着石头过河，做错了还要挨骂，真是郁闷死了。

很多督导往往认为向下沟通本质上是单一的，即"我说你做，不要问为什么"。他们在与员工沟通时不是在说，就是将要说。他们习惯于下命令、训斥员工，说得太多、听得太少，这大大影响了沟通的效果。

1. 重视沟通的双向性

督导一定要注意任何沟通都是双向的，向下沟通同样也不例外。下达工作指令或与个别员工谈话，应注意多听听下属的意见，拓宽思路、了解员工心里究竟在想些什么，即使有时员工的意见并不正确，也应让他把话说完，然后针对不正确部分做些解释、说服工作。只有很好听取别人的想法，才能更好说出自己的想法。

斯坦纳定理：在哪里说得愈少，在哪里听到的就愈多。

2. 要学会倾听

有些督导自以为高明，对下属的建议往往听不进去，尤其对于那些说话抓不住重点的员工，见了他提意见就心烦；有的心胸比较狭窄，对于感情不相投的员工提意见,听了一点马上就打断,弄得对方下不了台。这些都不是广开言路的做法。要明白:一个出色的听者,往往会有一种强大的感染力,他使说话者感到被重视,而不至于心灰意懒、欲言又止。督导应把改善人际关系的聆听方式作为一个重要课题来研究。

【例 4-3】

"经营之神"的倾听之道

松下幸之助被称为日本的"经营之神",在他的管理思想里,倾听和沟通占有重要的地位。他经常问他的下属:"说说看,你对这件事是怎么考虑的。""要是你干的话,你会怎么办?"

他一有时间就要到工厂里转转,一方面便于发现问题,另一方面有利于听取工人的意见和建议。在松下的脑子里,从没有"人微言轻"的观念,他认真地倾听哪怕是最底层员工的正确意见,非常痛恨别人对他的阿谀奉承,松下公司也因董事长的善于交流获益匪浅。

【例 4-4】

你听懂手下的话了吗?

美国知名主持人"林克莱特"一天访问一名小朋友,问他说:"你长大后想要当什么呀?"小朋友天真地回答:"我要当飞机的驾驶员!"林克莱特接着问:"如果有一天,你的飞机飞到太平洋上空所有引擎都熄火了,你会怎么办?"小朋友想了想说:"我会先告诉坐在飞机上的人绑好安全带,然后我挂上我的降落伞跳出去。"当在现场的观众笑得东倒西歪时,林克莱特继续注视这孩子,想看他是不是自作聪明的家伙。没想到,孩子的两行热泪夺眶而出,这才使得林克莱特发觉这孩子的悲悯之情远非笔墨所能形容。于是林克莱特问他说:"为什么要这么做?"小孩的答案透露出一个孩子真挚的想法:"我要去拿燃料,我还要回来!"

[点评]督导,你真的听懂了手下的话了吗?是不是也习惯性地用自己的权威打断手下?

许多督导经常犯这样的错误:在手下还没有来得及讲完自己的事情前,就按照自己的经验大加评论和指挥。反过来想一下,如果你不是上级,你还会这么做吗?打断下属说话,一方面容易做出片面的决策,另一方面会使员工缺乏被尊重的感觉。时间久了,手下将再也没有兴趣向上级反馈真实的信息了。反馈信息的渠道被切断,领导就成了"孤家寡人",在决策上就成了"睁眼瞎"。

3. 让员工参与

在饭店时常听到员工这样抱怨:"反正也不关我的事,管那么多干什么?"似乎饭店利益对他们已经没有意义了。要知道，饭店决策的最终执行者是下属员工，任何制度如果得不到下属的理解和支持，都不会得到很好的执行和落实。其实，每一个人都希望参与管理，员工也不例外，他们总想拥有参与饭店管理的发言权。因此，饭店管理者要善于给予员工参与管理、参与决策和发表意见的机会。只要情况许可，督导在做决策时，不妨听听下属的意见。哪怕他们的意见不成熟，也先赞美一下，这对员工来讲是一种激励，是一种压力的减轻。

【例4-5】

海尔员工互动培训

海尔集团公司在员工文化培训方面进行了丰富多彩的、形式多样的培训及文化氛围建设，如通过员工的"画与话"、猜灯谜、文艺表演、找案例等活动，用员工自己的画、话、人物、案例来诠释海尔理念，从而达成理念上的共识。

海尔给新员工每人都发了"合理化建议卡"，员工有什么想法，无论涉及制度、管理、工作、生活等任何方面都可以提出来。对合理化的建议，海尔会立即采纳并实行，对提出人还有一定的物质和精神奖励。而对不适用的建议也会给予积极回应，因为这会让员工知道自己的想法已经被考虑过，他们会有被尊重的感觉，更敢于说出自己心里的话。

图4-1　海尔员工的"画与话"

4.给下属提供各种沟通的渠道

既然要跟下属好好地沟通，就应给他们各种沟通的渠道。常用的沟通渠道：

（1）班前会、班后会。

（2）走动管理，多与员工接触。

（3）开设员工洽谈室。

（4）设建议箱。

【例 4-6】

上海波特曼丽嘉饭店成功经验

上海波特曼丽嘉饭店的沟通制度是：每天的部门例会上，员工可以向主管反映前一天工作中发生的小问题，大家一起回顾具体出错的环节在哪里；每个月大部门会议，会讨论员工满意度的情况，向部门总监提出需要改进的地方，然后各部门会不断跟进事情的进展；另外，每个月人事总监还会随机抽取10个左右的各部门员工，一起喝下午茶。话题大到饭店硬件设施的维修，小到制服的熨烫，都会反馈到相关的部门加以解决。"我们会用最快的速度及时改进，否则也会给出进展的期限或者不能解决的解释，总之会让员工得到满意的答复。"一位管理人员说。她讲了一个例子：饭店女员工穿的连裤袜，多年以来发的都是很薄的丝袜，但是今年春天上海天气很冷，有员工提出丝袜不够保暖，希望可以换成天鹅绒、羊绒的厚袜子。"这样一来成本肯定是提高的，但我们觉得是合情合理的要求，所以就及时换了。"

时任酒店总经理的狄高志先生每月也会邀请不同部门的员工与他一起共进早餐，问问大家最近的工作情况。"大多数时候，员工都表示挺开心的，当然他们也会带来一些小问题。而当我问，你们的主管是不是已经知道了？答案总是'是的，并且已经在处理了'。所以他们告诉我，并不是因为他们得不到帮助，而只是想让我知道这件事情罢了。"他同时强调，自己要确保员工反映出来的每一个问题，都的确有人在关注和解决。"因为他们希望这些问题引起我的重视，但是我什么也不做的话，将是更加糟糕的。"

这个早餐会仅仅是狄高志与员工交流方式中的一种。作为饭店的总经理，他把70%左右的工作时间投入在与800名绅士淑女有关的事务方面。他认为自己了解员工需要和工作状况的最好方式，就是走到每个员工的实际工作环境中，亲身体会他们的感受，一起讨论如何更好地改进。而员工们也可以自由地到总经理办公室来，提出他们的建议和想法。"尽管我们每年都会进行员工满意度的调查，但员工满意与否是每天都要衡量的问题，而不是在进行某种调查时才存在。"

在波特曼丽嘉，无论是老板、主管还是普通员工，如果想表示对他人工作的尊重和感谢，都可以在一流卡（First-Class Card）上写上鼓励的话，装在信封里交给他。"只是为了谢谢你的帮忙，或是说声你做得不错。"

【小资料】

别让建议箱成为"聋子的耳朵"

建议箱是管理者了解下情、收集员工建议意见的一个良好渠道。通常，饭店都设有员工建议箱,但不少饭店的建议箱一年都收不到几份建议书。意见箱不能有效地发挥沟通作用,成为聋子的耳朵——摆设。这种情况的出现,责任应在饭店管理层。

一是管理者对员工建议缺乏应有的重视,只是将建议箱作为一种形式象征性地摆在那里。其实,建议活动对企业很有益处,一家饭店有几个"建议迷",可以有效带动其他员工提出很多有益方案,促使饭店管理水平得到改进和提高。

二是缺乏相应的激励机制。大部分饭店仅设一个建议箱,很少考虑如何方便员工填写,也没有制定具体的评议措施、奖励方法,员工缺乏积极性。

三是与员工沟通不够。有些饭店员工抱怨投入建议箱中的信件如泥牛入海,一年半载都得不到饭店方面的反馈,对管理者有无过目、建议是否被采纳等情况一无所知,因而打击了员工填写建议书的积极性。还有部分员工对上级有不满和牢骚,害怕投了意见箱后饭店保密措施做得不好,会遭受打击报复。

美国饭店业的建议系统比较完善,体现在以下几个方面:建议表内容设计精心,印刷精美;与员工高度沟通,将建议表放入员工的工资袋,方便员工填写;有一系列真材实料的奖励措施,包括专设的建议奖励基金、评议方法、奖金额等。

下面是某饭店的"建议征求"做法,可供参考。

如果你有一个好建议,请你这么做:

(1)从建议箱中拿一份建议表,写好建议后投入建议箱中。

(2)建议表放入建议箱前注意撕下存根。

(3)所有建议都经饭店专门委员会讨论,个别的由专人处理。

(4)建议如被采纳,奖金为1000至5000美元。建议不限数目。

(5)另颁特别奖,总奖金为35000美元,共分三等颁发,每年颁给三个最好的建议者,所有员工皆可参加。

(6)每月月底评奖一次。

(7)每月15日后宣布评奖结果。

(8)对本建议计划如有意见,请与饭店人力资源部联系。

三、营造良好的氛围

下属不同于机器,不是在做机械运动,他们的活动轨迹千变万化:情绪愉快时,即使脏累繁重的工作也无怨言;心境不佳时,哪怕是举手之劳也要算计。督导的重要职责之一是营造融洽的人际交往氛围。也就是说,只有饭店及其管理人员关心员工,为其创造良好的环境,提供良好的条件,时刻把"员工是否开心"放在第一位,员工才会时刻将饭店的利益放在第一位;员工只有获得关心和爱，才会奉献真诚；只有员工开心，他们才会向顾客绽放发自内心的笑容，才会用真情去服务每一位客人。但冰冻三尺非一日之寒，这是需要长时间投入的。所以督导永远不要吝啬，把关爱倾注于自己的员工，因为他们带给饭店的将是无限的生机。特别是当员工自认为与上级领导有良好的人际关系时，他们更会感到工作的愉悦。有一个新的词汇叫"办公室兴奋剂"，意思是指某些员工由于自身的特质成为办公室中的兴奋剂，只要有他（她）在，其他的员工就干劲十足。所以同事之间如果能够愉快地合作，也是能够非常有效地提高员工的工作效果的。

【例 4-7】

有了时刻开心的员工 才有时刻开心的顾客

威斯汀饭店在每次接受一批新员工时，都只对他们提一个要求：要非常开心。如果员工的工作做得不开心，饭店会要求他们讲出不开心的理由并解决这些问题，否则就会被解雇。在这样轻松愉快的氛围中，服务员都表现出了难以置信的良好精神状态，赢得了顾客高度的满意。

1. 关心员工

对别人表示关心和善意，比任何礼物都能产生更多的效果。时刻真情关怀下属感受的管理者，将完全捕获下属的心，并让下属心甘情愿为他赴汤蹈火！

【例 4-8】

没有吃完的牛排

素有"经营之神"之称的日本松下电器总裁松下幸之助有一次在一家餐厅招待客人，一行六个人都点了牛排。等六个人都吃完主餐，松下让助理去请烹调牛排的主厨过来，他还特别强调："不要找经理，找主厨。"助理注意到，松下的牛排只吃了一半，心想，一会儿的场面可能会很尴尬。

主厨来时很紧张，因为他知道请自己的客人来头很大。"是不是牛排有什么问题？"主厨紧张地问。"烹调牛排，对你已不成问题，"松下说，"但是我只能吃一半。原因不在于厨艺，牛排真的很好吃，你是位非常出色的厨师，但我已80岁了，胃口大不如前。"

主厨与其他的五位用餐者困惑得面面相觑，大家过了好一会儿才明白怎么一回事。"我想当面和你谈，是因为我担心，当你看到只吃了一半的牛排被送回厨房时，心里会难过。"

[点评] 站在对方的立场上替对方着想，如果你是那位主厨，听到松下先生的如此说明，会有什么感受？是不是觉得备受尊重？客人在旁边听见松下如此

说，只会更佩服松下的人格并更喜欢与他做生意了。

【例 4-9】

餐具摔碎了

某饭店，一天，用餐的人特别多，有一名服务员不小心将托盘中的碟子滑落到地上摔碎了，领班看见一瞪眼："你怎么搞的？那么不小心？"可想而知，服务员可能还要自己赔偿损失。

请看丽兹卡尔顿饭店的做法：首先要关心员工，看他（她）有无受伤，并给予安慰。然后，要找出原因，是地面太滑？是碟子本身滑？还是鞋子有问题？找出问题，对症下药，加以改进。如果是员工自己技能不熟练而造成的，则对其进行再培训。

[点评] 如果你是那个不小心摔碎碟子的服务员，丽兹卡尔顿饭店的做法一定会对你有所触动的。

【例 4-10】

参观摩托罗拉生产厂房

在上海摩托罗拉的生产厂房参观，副总经理带领我们参观他们的生产线，在走过一个男性中国作业员身边时，看到他正在焊作业管线。副总经对他说："Good boy！"男员工对他笑了一下。参观到检验车间时，一个女作业员正在用放大镜检验产品，"Nice girl！"女作业员也微笑了一下。听到副总经理和自己很亲切地讲"Good boy！""Nice girl！"对他们来说这就是一种激励。

[点评] 不断展示自己的笑容，也是一种"爱"。有些督导整天板着一张脸，让下属望而生畏，觉得你可敬不可亲，有什么事肯定不愿意说出来。

有些人觉得作为领导或者主管，别人给自己敬礼、问好是应该的，其实人与人之间是要互相激励的。"小王，吃过饭了吗？""老李，脸色不好，多休息一下。"这么一两句话就是一种激励，给人温暖的感觉。

【例 4-11】

请把你的笑容分些给他

位于美国俄亥俄的美国钢铁和国民蒸馏器公司的 RMI 子公司，生产多种钛制品。多年来，公司的产品质量低、生产率低、利润率低。自大吉姆·丹尼尔到这里任总经理后，情况发生了巨变。大吉姆没有什么特殊的管理办法，只是在工厂四处贴上这样的标语："如果你看到一个人没有笑容，请把你的笑容分些给他"，"任何事情只有做起来兴致勃勃，才能取得成功"。这些标语下面都签着名字"大吉姆"。公司还有一个特殊的厂徽：一张笑脸。在办公用品上，工厂大门上，厂内牌板上,甚至在工人的安全帽上都绘有这张笑脸。这就是美国人称之为的"俄亥俄的笑容"。《华尔街日报》称之为"纯威士忌酒——柔情的口号、感情的交流和充满微笑的混合物"。而且大吉姆自己也总是满面春风,他向人们征询意见,喊着工人的名字打招呼,全厂2000个工人的名字他都能叫得出来。他把工会主席叫到会议上,让他知道工厂要干什么,而这种做法在西方企业里几乎是看不到的。结果只用了3年时间,工厂没有增加1分钱投资,生产率惊人地提高了近80%。

[点评] 在企业沟通中,向下属致以一个友好的微笑,轻轻地拥抱或拍打一下自己下属的肩膀等,都是一种情感沟通。显然,为了创造和维持良好的人际工作环境,更是为了普遍提高员工的工作热情和绩效,情感沟通是十分基本、日常又重要的基础沟通工作。

2.增进相互理解

(1)学会换位思考。在饭店,经常会听到一种声音:这件事情也不知道对他们(指下属)强调了多少次,他们就是不照着办,气死人了!几乎在每个企业里都能耳闻管理者对员工发出种种不快的声音,抱怨他们对上级的管理指示领会不够好,执行的力度不够。这种指责虽然不能简单地说是对还是错,但把责任一股脑儿全安在员工身上显然不合适。作为督导,要问问自己:原因出在什么地方?

【例4-12】

如此沟通

有一天,领班小王看到一个员工中午未吃饭,用冰激凌代替,想到这个员工平时肠胃不怎么好,就从关心的角度对他说:"你要尽量少吃刺激性的食品。"哪知那个员工脸一变,回了一句:"你总不能要我把冰激凌给扔了吧?"说罢扭头便走。

[点评] 上例沟通失败,原因是多方面的。除了小王要检讨自己外,恐怕员工对领班缺乏了解也是原因之一,她误将关心当成了批评。

上下级因为站的立场不一样,看问题的角度不同,在沟通时容易发生矛盾摩擦,有时督导一批评员工,员工就有抵触情绪,认为你老是盯着他不放,从而影响了沟通的效果和工作效率。其实,任何制度、指令如果得不到员工的理解、支持和配合,都不会很好地得到执行、落实。

英国语言学家怀尔德教授在《现代口语英语史》中说:如果把现在的英国人送回到17世纪,即便进行最简单的社交谈话,他们都会感到极端困难。不同时代的人交流起来有困难,同时代人之间的沟通也未必一定流畅。当韩国女子曲棍球队在雅典奥运会上输给德国队之后,教练金相烈沮丧地说:"我再也不愿执教女子队了。我怎么训练她们我也不能进到她们脑子里去。我告诉她们怎么做,她们总说好好好,没有任何意见。但她们也只是说说而已,做起来完全是另一回事。"

金相烈式的感慨不只存在于体育界,企业里也比比皆是。几乎在每个企业都能听闻管理者对员工发出的种种不快,抱怨他们对管理层指示领会不够好。这种指责虽不能简单地说它是对还是错,但将责任一股脑儿地全安在员工身上显然是不合适的。

督导不要指望别人都和自己一样有见识。与其埋怨员工,倒不如帮助他们提高认识;与其责骂员工,倒不如主动接近他们联络彼此的感情。督导要经常换位思考,真正站在下属的角度,去感受下属的所思所想,这样才能有的放矢做好工作。

【例4-13】

不要指望别人的见识都和你一样

中国台湾地区一家大型公司女总裁的看法则很明智:不要指望别人的见识都和你一样。她经常向人们讲述自己亲身经历的一个故事。

她女儿上幼儿园时,有一天,她作为家长去参观幼儿园的书画比赛。在一幅名为《陪妈妈上街》的画前,她驻足了很久,画中没有高楼大厦,没有车水马龙,也没有琳琅满目的商品,有的只是数不清的大人们的腿。她为此感到奇怪,末了还是幼儿园老师帮她解开了疑惑,老师说,幼儿园的孩子身高几乎还不到大人的腰部,你说他们上街看到的不是大人的腿还能是什么?

于是她想,孩子们上街时看到的只是大人们的腿,这是他们的身高决定的;同样的道理,公司员工们能看到的是他们自己的工作、利益和前途,并不是每个人都像总裁一样思考公司的未来,这是由于他们所处的环境决定的。因此,不要指望别人都和你的见识一样。与其埋怨员工,倒不如帮助他们提高认识;与其责骂员工,倒不如主动接近他们,联络彼此的感情。于是,她以和颜悦色的崭新形象出现在员工面前,公司的业绩也随之突飞猛进。

(2)进行交叉培训。增进相互理解的另外一种行之有效的办法,是进行上下级之间的交叉培训。交叉培训,指员工在做好本职工作的基础上,学习培训其他岗位的业务技能。交叉培训是增进理解、沟通、合作的良好途径,经过交叉培训的员工更易换位思考。交叉培训可以在同级之间进行,也可以在上下级之间进行。上下级之间的交叉培训通常是某一级别的员工接受高一级别岗位的培训,如服务员—领班,领班—主管间的培训。上下级之间的交叉培训,既给了下属一个展示自己能力的舞台,又可以使员工在工作时容易换位思考,充分体会上级的甘苦,从而更加配合上级工作。

美国管理学家雷鲍夫提出，在你着手建立合作和信任时要牢记，我们语言中有：

- ◆ 最重要的八个字是：我承认我犯过错误。
- ◆ 最重要的七个字是：你干了一件好事！
- ◆ 最重要的六个字是：你的看法如何？
- ◆ 最重要的五个字是：咱们一起干！
- ◆ 最重要的四个字是：不妨试试！
- ◆ 最重要的三个字是：谢谢您！
- ◆ 最重要的两个字是：咱们。
- ◆ 最重要的一个字是：您。

记住经常使用这些语言，它会让你事半功倍。

四、有效下达工作指令

督导日常工作的一个重要职能是分配工作任务、下达工作指令。如何使下属按要求完成工作，需要掌握有效的沟通技巧。

1. 工作指令要明确、清楚和完整

我们经常做一个抽扑克牌游戏：将10个学生分成A、B两个组，5人一组，每组发一副扑克牌。指导老师要求A组5位学生每人根据自己的喜好挑取一张牌，结果挑出来的5张牌花色、数字都有很大的不同。要求B组从扑克牌中挑出红桃10以上的牌，结果是显而易见的，5个人挑出牌的花色是一致的，但是数字却有两组不同的组合：一组组合是红桃10、J、Q、K和A，另一组组合是红桃J、Q、K、A和2。抽出红桃10的往往是玩80分的，而抽出红桃2的是争上游的玩法。这个游戏说明一个道理，要下属完成特定的工作任务，指令越明确、越具体，被理解贯彻的程度就越高。

督导在发出工作指令尤其是口头工作指令时，场所往往极为不正式，可能在楼层、在大堂、在厨房、在餐厅或者是在酒吧、洗衣房等处。它可能是一个谈话片段，而且时间比较仓促，因此极易遇到许多沟通障碍。但无论工作指令多么简单，沟通条件多么困难，督导者都需要运用"5W1H"原则，明确、清楚和完整地将工作指令发给下属。让下属知道：Who（执行者）、What（做什么）、How（怎么做）、When（什么时间）、Where（什么地点）、Why（为什么）。

"小王，将这几间房间打扫一下。"

这不是一条明确、清楚和完整的工作指令。应改为：

"小王，请你将1207、1208、1209这三间房间打扫一下，下午2时前完成，要保证质量，下午4时有贵宾入住。"

Who（执行者）——小王

What（做什么）——打扫房间
How（怎么做）——打扫干净、保证质量
When（什么时间）——下午 2 时前
Where（什么地点）——1207、1208、1209
Why（为什么）——有贵宾入住

清楚的信息还应该是能让下属理解，并且对其具有意义的。督导必须了解下属的参照系，并用下属能听得懂的语言，选择下属能够接受的方式方法进行沟通。

【例 4-14】

要用听得懂的语言与别人沟通！

一个村庄里住着三个兄弟，三个兄弟听说大海博大与宽广，立志一定要去看一看大海，由于家中有年迈的父亲需要照顾，三兄弟决定让老三代表大家去看看大海。老三走了一个月，看见了黄河，他以为看见了大海，一打听，才知道自己看见的不是大海，又走了一年，终于看见了大海。老三回到了家乡。给大哥二哥讲述大海的样子。老三说大海有一千条黄河那么多的水，大哥二哥没有见过黄河，又问老三黄河有多大，老三说黄河有一万条家乡的小溪那么多的水，哥俩这才能隐约地感觉到大海到底有多大。

［点评］现在，由于科技的进步、传媒的发达，即使没有见过大海的人，同样也可以栩栩如生地描述大海是什么样的。但是对于我们没有见过的东西，或者从来没有体会过的东西，我们能准确地说出感受吗？

在沟通中同样存在类似的问题。由于每个人的经历与所处的位置不同，对同样的事情表达的观点与看法是完全两样的。在饭店工作中，经常会听到很多管理者抱怨：在他们看来非常重要的问题，并且反复强调，但是员工却不一定这么认为，在工作中总是会出现纰漏。

【例 4-15】

ERA 的苦恼

ERA 是一个日资企业中的日籍雇员，在制造部门担任经理。ERA 一来中国，就对制造部门进行改造。ERA 发现现场的数据很难及时地反馈上来，于是决定从生产报表上开始改造。借鉴日本母公司的生产报表，设计了一份非常完美的生产报表，从报表中可以看出生产中的任何一个细节。ERA 认为只有及时搜集到生产现场的第一手数据，才能通过对数据的分析，有的放矢，改善质量。ERA 开始组织工人参加培训，练习填写报表。每天早上，所有的生产数据都会及时地放在 ERA 的桌子上。ERA 很高兴，认为他拿到了生产的第一手数据。没过几天，出现了一次大的品质事故，但报表上根本就没有反映出来。ERA 这才知道，报表的数据都是随意填写上去的。为了这件事情，ERA 多次找工人开会强调认真填写报表的重要性，但每次开会，在开始几天可以起到一定的效果，但过不了几天又返回了原来的状态。ERA 怎么也想不通。

ERA 的苦恼是很多企业管理者遇到的一个普遍的烦恼。现场的操作工人很难理解 ERA 的目的，因为数据分析距离他们太遥远了。大多数工人只知道好好干活，拿工资养家糊口。不同的人，他们所站的高度不一样，单纯地强调、开会，效果是不明显的。就如 ERA 一样。那怎样才能避免这样的问题产生呢？

后来，ERA 要求每个班长、科长随时注意报表的填写状况，把报表填写纳入了工人、班组长的业绩奖的考核范围内，情况有很大起色。

站在工人的角度去理解，虽然以前 ERA 不断强调认真填写生产报表利于改善工作质量，但这距离工人比较远，而且大多数工人认为这和他们没有多少关系。后来，ERA 将生产报表与业绩奖金挂钩，并要求干部经常检查，工人们才知道认真填写报表是与切身利益有关的，才重视起来。ERA 采用了不同的沟通模式，效果截然不同。

[点评] 在沟通中，不要简单认为所有人都和自己的认识、看法、高度是一致的。对待不同的人，要采取不同的模式，要用听得懂的"语言"与别人沟通！

2. 尽可能避免用命令的方式

命令是上级对下属特定行动的要求或禁止。命令带有组织阶层上的职权关系，它隐含着强制性，会让下属有被压抑的感觉。如果督导经常用命令的方式要求员工做好这个工作、完成那项任务，也许工作会非常有效率，但是工作品质一定无法提升。为什么呢？因为直接命令剥夺了下属自我支配的原则，压抑了下属的创造性思考和积极负责的心理，同时也让下属失去了参与决策的机会。但有时命令是必需的，重要、紧急事项或规章制度、决议的执行必须使用命令。需要注意的是，在下命令时，必须保持命令的统一性、一致性，注意不要经常变更命令，以免员工无所适从。

【例 4-16】

手表定理

手表定理，是指一个人有一只手表时，可以知道现在是几点钟，而当他同时拥有两只表时，却无法确定时间。两只手表并不能告诉一个人更准确的时间，反而会让看表的人失去对时间的准确判断。

[点评] 手表定理在企业经营管理方面给我们一种非常直观的启发，就是对同一个人或同一个组织的管理，不能同时采用两种不同的方法，不能同时设置两

个不同的目标,甚至每一个人不能由两个人来同时指挥,否则将使这个企业或这个人无所适从。

3. 尊重下属,使下属积极接受工作指令

许多督导容易犯的错误是,以一种高高在上的姿态与下属说话,实际上,他们是在下达命令:"你最好听我的话,并且按我的吩咐去做,因为我是你的上司。"但督导必须知道,没有哪个人喜欢被他人命令来命令去的,包括自己的下属。

或许有人会说,督导有职权,不管下属是否有意愿,他都必须执行。的确,下属慑于上级的职权,必须执行工作指令,但有意愿下的执行和没意愿下的执行,其结果会有很大差异。有意愿的下属,会尽全力把工作做好;没意愿的下属,心里只会想着能应付过去就好。

因此,作为一名督导,在与下属沟通的时候要注意尊重对方,注意表达方式,尽量不采用命令的口吻:

"小王,进来一下。"

"小李,把盘子洗一下。"

这样的用语会让下属有一种被呼来唤去的感觉,缺少对他们起码的尊重。为了改善和下属的关系,使他们感觉自己更受尊重,督导不妨使用一些礼貌用语:

"小王,请你进来一下。"

"小李,麻烦你把盘子洗一下。"

【例4-17】

"南风"法则

"南风"法则也称"温暖"法则,源于法国作家拉封丹写过的一则寓言:北风和南风比威力,看谁能把行人身上的大衣脱掉。北风首先来一个冷风,凛冽、寒冷刺骨,行人为了抵御北风的侵袭,把大衣裹得紧紧的;南风则徐徐吹动,顿时风和日丽,行人因为觉得温暖上身,始而解开纽扣,继而脱掉大衣,南风获得了胜利。

[点评] 这则寓言形象地说明了一个道理:温暖胜于严寒。督导在管理中运用"南风"法则,就是要了解和尊重下属,以下属为本,多点"人情味",尽力解决下属日常生活中的实际困难,变下属被动接受工作为主动接受工作,从而激发出工作的积极性。

记住:一位受人尊敬的督导,首先应该是一位懂得尊重别人的管理者。

4. 尽可能用培训的方式下达工作指令

要求下属做什么的同时要教会他们怎么做。常见的错误做法是:招了新员

工,未经培训或培训还未合格就让其直接上岗,一旦出了差错就对他大声呵斥。

【例 4-18】

日本东京迪斯尼乐园员工培训

在日本东京迪斯尼乐园,有些扫地的员工是利用暑期打工的学生,虽然他们只扫两个月的时间,但是培训他们扫地要花 3 天时间。

第一,学扫地。第一天上午要培训如何扫地。扫地的扫把有 3 种:一种是用来扒树叶的,一种是用来刮纸屑的,一种是用来掸灰尘的,这 3 种扫把的形状都不一样。怎样扫树叶,才不会让树叶飞起来?怎样刮纸屑,才能把纸屑刮得很好?怎样掸灰,才不会让灰尘飘起来?这些看似简单的动作都要经过严格的培训。扫地时还要注意:开门时、关门时、中午吃饭时、距离客人 15 米以内等情况下都不能扫地。

第二,学照相。第一天下午学照相。十几台世界最先进的不同品牌的数码相机被摆在一起,扫地的员工要逐一学习每台相机的使用方法。平时工作时,有很多客人会叫员工帮忙照相,如果员工不会照相,就不能照顾好顾客。

第三,学抱孩子和给孩子换尿布。第二天上午学怎么给小孩子包尿布。在迪斯尼乐园里,带孩子的妈妈可能会叫员工帮忙抱一下小孩,但如果员工不会抱小孩,动作不规范,不但不能给顾客帮忙,反而会顾客添麻烦。抱小孩的正确动作是:右手要扶住孩子的臀部,左手要托住孩子的背,左手食指要顶住孩子的颈椎,以防闪了小孩的腰,或弄伤小孩的颈椎。扫地的员工不但要会抱小孩,还要会替小孩换尿布。给小孩换尿布时要注意方向和姿势,应该把手摆在底下,将尿布折成十字形,最后在尿布上面别上别针。

第四,学辨识方向。第二天下午学辨识方向。在游乐园里,经常会有客人问路,如有人要上洗手间,扫地的员工就要说诸如"洗手间在右前方,约 50 米,第三号景点东,那个红色的房子";如有人要喝可乐,扫地的员工就要说诸如"左前方,约 150 米,第七号景点东,那个灰色的房子有卖可乐"……顾客会问各种各样的问题,包括扫地员工在内的每一名员工要把整个迪斯尼的地图都熟记在脑子里。

训练 3 天后,迪斯尼乐园会发给员工每人 3 把扫把,让他们开始扫地。

5. 注意获取反馈

有时,督导往往认为很清楚的事情,员工并不很清楚。我们经常让学生做一种折纸游戏,每个学生发一张长方形的纸,要求学生对折三下,然后撕下一个三角。结果学生折法不一,撕出来的窗花各种各样。

同样的一件事情,不同的人对它的概念与理解的差别是非常大的,在我们日常的谈话与沟通当中也是同样。当你说出一句话来，你自己认为可能已经表达清楚了你的意思，但是，不同的听众会有不同的反映，他们的理解可能是千差万别的，甚至可以理解为相反的意思。这将大大影响沟通的效率与效果。可见，反馈是必不可少的。

"沟通是你被理解了什么而不是说了什么"，下达工作指令后，督导应询问下属有什么问题及意见，是否理解了指令的要求，必要时可让员工重复一遍：

"小王，这个工作，你还有什么问题吗？"

对下属提出的好意见，应积极加以采纳，并给予称赞：

"关于这点，你的意见很好，就照你的意见去做。"

6. 给下属更大的自主权

一旦决定让下属负责某项工作，就应该尽可能给他更大的自主权，让他可以根据工作的性质和要求，更好地发挥个人的创造力：

"这次小组培训计划交给你负责，关于培训主题、地点、时间、预算等请你做一个详细的策划，下个星期一下午听取你的汇报。"

还应该让下属取得必要的信息：

"培训部门我已经协调好了，他们会提供一些必要的资料。"

7. 给予适当支持和帮助

即使命令已经下达，下属也已经明白了其工作重点所在，且被相应地授权了，督导也不可就此不再过问事情的进展，尤其当下属遇到问题和困难希望上级协助解决时，更不可以说："不是已经交给你去办了吗？"作为上级，应该清楚地意识到，他之所以是你的下属，就是因为他的阅历、经验不如你。此时，督导应该和下属一起共同分析问题，探讨状况，尽快提出一个解决方案：

"我们都了解了目前的状况，下面来讨论一下该怎么做？"

五、赞扬下级的方法

有句谚语说得好，"赞美能使傻瓜变天才"。赞美他人，是我们在日常沟通中常常碰到的情况。要建立良好的人际关系，恰当地赞美他人是必不可少的。美国一位著名社会活动家曾推出一条原则："给人一个好名声，让他们去达到它。"事实上被赞美的人宁愿做出惊人的努力，也不愿让你失望。

美国著名成人教育家卡耐基曾写出享誉全球的名著《人性的弱点》《人性的优点》《人性的光辉》等。他指出，为人处世基本技巧的第一条就是"不要过分批评、指责和抱怨"。第二条是"表现真诚的赞扬和欣赏"。肯定与表扬是最强有力的激励方式，而且不花钱。连拿破仑都震惊于肯定与赞美的效果，有人告诉他，为了得到这位皇帝的一枚勋章，他的士兵是什么英勇行为都可以做出来的。拿破仑惊讶地说："这真是奇怪，人们竟然肯为这些破铜烂铁拼命！"

优秀的员工是赏识出来的，因此作为督导应该努力去发现能对下属加以赞扬的小事，寻找他们的优点，形成一种赞美的习惯。

【例4-19】

罗森塔尔效应——你是最棒的！

大家一定听过"说你行，你就行；说你不行，你就不行"这样的说法。要想使一个人发展得更好，就应该给他传递积极的期望信号。期望如同一把双刃剑，积极的期望促使人们向好的方向发展，消极的期望会使人向坏的方向发展。

在现实生活中，我们可能会发现，当我们对一件事情怀有热切期望的时候，通常会产生积极的效应。这就是罗森塔尔效应，又称皮格马利翁效应或期望效应。

20个世纪60年代，美国著名心理学家罗森塔尔和雅各布森找到了一个学校，从校方手中得到了一份全体学生的名单。在经过抽样后，他们向学校提供了一些学生名单，并告诉校方，他们通过一项测试发现，这些学生有很高的天赋，只不过尚未在学习中表现出来。其实，这是从学生的名单中随意抽取出来的几个人。有趣的是，在学年末的测试中，这些学生的学习成绩的确比其他学生高出很多，而且在兴趣、品行、师生关系等方面也都有很大的变化。鉴于研究的重要发现，这个效应被称为罗森塔尔效应。

将罗森塔尔效应运用到饭店管理中，管理人员对下属的期望同样也会影响其行为。如，有"经营之神"美誉的松下幸之助就是善用罗森塔尔效应的高手。松下幸之助首创了电话管理术，他经常给下属包括新招的员工打电话，每次打电话都没有什么特别的事，只是问一下员工的近况。当下属回答说还算顺利时，松下就会说，很好，希望你好好加油。这样的电话使下属每每感到总裁对自己的信任和看重，精神为之一振。

但是非常遗憾的是，很多督导不会赞美激励，只会批评，他们认为表扬会使员工骄傲，他们常挂在嘴上的一句话是："做得好不表扬是应该的，做得不好挨批评是应该的。"下属想知道的最重要的事情是："我干得怎么样？我的表现还行吗？"这一期望与需要通常只有在员工出了差错时才能得到满足。他们一旦做错事，就会遭到严厉的批评甚至处罚，可当他们表现好时，管理者却很少花时间去告诉他们。于是，我们就见到太多被领导训得灰头土脸的员工。一直在这种灰色情绪下工作，又如何要求员工做出好的业绩？我们需要问一问每个督导：今天你称赞过你的员工吗？或者你已经多少年没有称赞过员工了？是否因为你从来没有得到过领导的表扬，所以你把这种负面情绪传递给了你的下属？为什么不开始尝试把负面情绪抛到九霄云外开始赞扬员工的工作？

心理学家杰斯莱尔说:"赞扬就像温暖人们心灵的阳光,我们的成长离不开它。但是绝大多数人都太轻易地对别人吹去寒风似的批评意见,而不情愿给同伴一点阳光般温暖的赞扬。"可见,称赞他人并非人人都能做好。

赞美部下作为一种沟通技巧,也不是随意说几句恭维话就可以奏效的。事实上,赞扬下属也有一些技巧:

1. 让员工知道你赏识他们

督导要经常让下属知道你是多么赏识他们,没有哪个人不喜欢被赞美,督导应该经常表达对他们的欣赏。甚至只是称赞准时上班,对方就知道你重视守时。

"我认为那真是太好了,你每次都能在8点钟准时上班。我真佩服能守时的人。"

对你的下属说这些话,你会发现他以后迟到的次数就更少了。每个人总有些可赞赏之处——不妨让他知道,不要藏在心里!

美国IBM公司有一个"百分之百俱乐部",当公司员工完成他的年度任务,他就被批准成为该俱乐部会员,他和他的家人被邀请参加隆重的集会。结果,公司的雇员都将获得"百分之百俱乐部"会员资格作为第一目标,以获取那份荣耀。

对于员工,不要太吝啬一些头衔、名号,这些名号、头衔可以换来员工的认可感,从而激励起员工的干劲。日本电气公司在一部分管理职务中实行"自由职衔制",就是说可以自由加职衔,取消"代""准"等一般管理职务中的辅助头衔,代之以"项目专任部长""产品经理"等与业务内容相关的、可以自由加予的头衔。

2. 赞扬的态度要真诚

赞扬下属必须真诚。每个人都珍视真心诚意,它是人际沟通中最重要的尺度。英国专门研究社会关系的卡斯利博士曾说过:"大多数人选择朋友都是以对方是否出于真诚而决定的。"如果督导在与下属交往时不是真心诚意,那么要与他建立良好的人际关系是不可能的。所以在赞美下属时,要避免空洞、刻板的公式化的夸奖,或不带任何感情的机械性话语,放之员工而皆准,令人有言不由衷之感。督导必须确认所赞美的人的确有此优点,并且要有充分的理由去赞美他。

3. 赞扬的内容要具体

赞扬他人要具体。表扬他人最好是就事论事,哪件事做得好,什么地方值得赞扬,说得具体,才能使受夸奖者高兴,便于引起感情的共鸣。赞扬时除了用"你很棒!""你表现得很好!""你不错!"之类的用语外,最好加上对具体事实的评价。

"你的调查报告中关于提升服务品质的建议,是一个好方法,谢谢你提出这么有用的办法。"

"你处理这次客户投诉的态度非常好,自始至终婉转、诚恳,并针对问题解决,你的做法正是我们期望员工能做的标准典范。"

对具体行为做出赞美最为有用。

试比较下面两个赞美:

"你干得好极了,要保持成绩。"

"我喜欢你服务顾客的方式。你能用亲切的笑容说出欢迎光临,给顾客一个良好的印象。"

第一个聊胜于无,它虽然让你知道你受到赏识,但为了什么呢?第二个说出你所做的事,以及为什么它是好的。

4. 注意赞扬的场合

在众人面前赞扬下属,对被赞扬的员工而言,当然受到的鼓励是最大的,这是赞扬部下的好方式。但是,采用这种方式时要特别慎重,因为被赞扬的表现若不能得到大家客观的认同,其他下属难免会有不满的情绪。因此,公开赞扬最好是能被大家认同及公正评价的事项。例如:业务竞赛的前三名、小发明、小建议、对饭店有重大贡献等,这些值得公开赞扬的行为是已被饭店全体员工认同的。

5. 适当运用间接赞美的技巧

所谓间接赞美,就是借第三者的话来赞美对方,这样比直接赞美对方的效果往往要好。比如对下属说:

"前两天我和刘经理谈起你,他很欣赏你的服务态度,你对客人的热心与周到值得大家学习。好好努力,别辜负他对你的期望。"

无论事实是否真的如此,反正你的下属是不会去调查是否属实的,但他对你的感激肯定会超乎你的想象。

间接赞扬的另一种方式就是在当事人不在场的时候赞美,这种方式有时比当面赞扬所起的作用更大。一般来说,背后的赞美都能传达到本人,这除了能起到赞美的激励作用外,更能让被赞美者感到你对他的赞美是诚挚的,因而更能加强赞美的效果。所以,作为一名督导,不要吝惜对下属的赞美,尤其是在面对你的领导或者他的同事时,恰如其分地夸奖你的下属,他一旦间接知道了你的赞美,就会对你心存感激,在感情上也会与你更进一步,你们的沟通也就会更加有效。

6. 不要又奖又罚

作为上级,一般的夸奖似乎很像工作总结,先表扬,然后是"但是""当然"一类的转折词,这样很可能使原有的夸奖失去作用。应当将表扬、批评分开,不要混为一谈,表扬就是表扬,要批评事后再找合适的机会。

7. 及时赞扬

赞扬时要注意及时性,"雨后送伞"的事情不要做。下属某项工作做得好,督导应及时夸奖,如果拖延数周,时过境迁,迟到的表扬已失去了原有的味道,再也不会令人兴奋与激动,夸奖就失去了意义。

总之,赞扬是人们的一种心理需要,是对他人敬重的一种表现。恰当地赞扬下属,会给人舒适感,同时也会改善与下属的人际关系。在沟通中,管理者必须掌握赞美他人的技巧。

六、批评下级的技巧

俗话说:金无足赤,人无完人。在饭店沟通活动中,督导往往会发现下属的缺点和错误,需要及时地加以指正和批评。有人说,赞美如阳光,批评如雨露,二者缺一不可,这是很有哲理的。督导在与下属的沟通中,既需要真诚的赞美,也需要中肯的批评。但往往是良药苦口,忠言逆耳。有人认为,批评就是"得罪人"的事。所以有些督导从不当面指责下属,因为他们不知道如何处理指责下属后彼此的人际关系,因而造成下属不当行为一直无法得到纠正。有些督导指责下属后,不但没有达到改善彼此关系的目的,反而使下属产生更多的不平和不满。事实上,之所以会产生这样的后果,恐怕还在于督导在批评他人的时候缺乏技巧的缘故。医药技术发展至今,许多良药已经包上了糖衣,早已不苦口了,督导为什么不能研究一下批评他人的技巧,变成忠言不逆耳呢?

1. 尊重客观事实

批评他人通常是比较严肃的事情,所以在批评的时候一定要客观具体,应该就事论事。

【例 4-20】

一个人都没有

二次世界大战期间,美国太平洋战区司令官布莱德雷有次奉召,要执行一项危险而紧急的任务。于是他立刻召集了手下将士,排成一个长列。

"这次我们的任务既艰巨又危险!"布莱德雷眼光瞟了大家一眼,"愿意冒险担任这项任务的,请向前走两步……"

此时适逢一位参谋给他一项最新的战报,于是布莱德雷和对方耳语了片刻,等到他处理完战报,再面对行列中的众将士时,发现长长的队伍仍是条直线,没有一个人比旁边的人多向前迈出两步。他这时再也按捺不住了,"养兵千日,现在情况紧急,竟然一个人都没有……"

"报告司令!"只见站在最前排的人满脸委屈地说道:"我们每个人都向前跨了两步,所以……"

[点评] 这种情况在饭店很普遍，很多时候，督导往往在没搞清事实真相时，就不分青红皂白，急着批评下属，等到发现伤害了对方，往往为时已晚。

批评下属是一件严肃的事情，督导一定要在弄清事实真相后再批评，要避免主观判断性的批评。

【例 4-21】

员工为什么迟到

某天，一位员工上班迟到，督导可以这样提问：

先问："你为什么迟到？"

员工可能会回答："今天堵车很严重。"

这个时候，一定要接着问："每天都堵车，为什么今天就迟到了？以前为什么不迟到？"

员工可能会说："今天出来晚了点，所以就赶上堵车了。"

你再问："为什么你今天出来晚了？"

员工可能会说："昨天晚上睡觉晚了。"

听到这样的回答，你就可以接着说："为什么你昨天晚上睡觉睡晚了？"

员工可能会说："看电视看过了头。"

[点评] 经过了连续四个提问，你才可以了解这个员工迟到的真正原因，如果你只问了一两句，根本无法对其迟到的原因做出正确的评判。如果贸然批评，不会起到好的作用。

2. 以真诚的赞美做开头

尺有所短，寸有所长。一个人犯了错误，并不等于他一无是处。所以在批评下属时，如果只提及短处而不提及长处，他就会感到心理上的不平衡，感到委屈。如一名员工平时工作颇有成效，偶尔出了一次质量事故，如果批评他的时候只指责他出的事故，而不肯定他以前的成绩，他可能就会感到以前"白干了"，从而产生抗拒心理。另外，据心理学研究表明，被批评的人最主要的障碍就是担心批评会伤害自己的面子，损害自己的利益，所以督导在批评前需帮他打消这个顾虑，让他觉得你认为他"功大于过"，那么他就会主动放弃心理上的抵抗，对你的批评也就更容易接受。

3. 谈论行为不谈论个性（对事不对人原则）

谈论行为，就是讨论一个人所做的某件事情或者说的某一句话。个性，就是对某一个人的观点，即我们通常说的这个人是好人还是坏人。在工作中，我们发现有些职业人士在沟通的时候严格遵循了这个原则，就事论事地和你沟通，显得有一丝冷淡。其实，这恰恰是一个专业沟通的表现。

说某人"很笨""没能力"常常会导致相反的结果。批评他人，应该就事论事。记住，批评他人，并不是批评对方本人，而是批评他的错误行为，千万不要把对下属错误行为的批评扩大到对下属本人的批评上。

比如说，你作为一名餐厅领班去检查餐具，结果发现一个骨碟上有污斑，而餐厅服务员没有发现，这时应该对他进行批评，你可以说："这些骨碟你没有好好洗。"也可以说："你对工作太不负责任了，骨碟洗得那么脏。"很显然，后一种说法是难以被对方接受的，因为你的话语让他很难堪，也许他只是一次无意的过失，却被你上升到了没有责任心的高度，很可能把他推到你的对立面去，使你们的关系恶化，也很可能导致他在今后的工作中出更多的纰漏。

需掌握的技巧如下：

（1）谈论你观察到的行为，避免谈及你对别人所做事情的主观感受。

以员工接电话时语速快为例。

试比较：

批评方式1："小刘，你接电话的方式真是太唐突了，你需要从现在开始接受职业化的训练。"

批评方式2："小刘，最近我注意到你讲话的速度相当快，因而，我有些担心客人可能听不清楚你的话。"

（2）讨论员工的行为（所做的事），而不是他们的个性（为人）。

以员工摔碎了碟子为例。

试比较：

批评方式1："小王，你太不小心了！"

批评方式2："小王，不要一次拿那么多东西。拿少些，东西就不会掉下来。"

（3）信息明确，避免笼统概括。

以希望员工改进提高为例。

试比较：

批评方式1："我希望对于我们所讨论的这些方面，你能有所改进。"

批评方式2："我看到你接待顾客非常热情，我肯定只要你加倍努力，多加练习，你一定能很快胜任接待工作的。"

4.勿伤害下属的自尊与自信

在沟通中，督导应该根据不同的人采取不同的批评技巧。但是这些技巧又有一个核心，就是不损害对方的面子，不伤及对方的自尊。批评是为了让下属更好，若伤害了下属的自尊与自信，下属势必很难变得更好。

批评时要运用一些技巧：

"我以前也犯过这种错……"

"每个人都有不愉快的时候，重要的是如何调整。"

"像你这么聪明的人,我实在无法想象你再犯一次同样的错误。"

"你以往的表现都优于一般人,希望你不要再犯同样的错误。"

5. 讲究方式方法

在这个世界上,正如无法找到两片绝对相同的树叶一样,根本不可能找出完全相同的两个人。不同的人由于经历、知识、性格等自身素质的不同,接受批评的能力和方式也会有很大的区别。很多饭店督导在与下属的沟通、批评、协调方面,方式单一直接,不仅达不到预期效果,反而使下属产生抵触情绪。不同的下属需要不同的沟通技巧。有经验的督导会针对下属的不同性格、情绪,有的放矢地进行沟通与批评。如对年龄较大、自尊心比较强的下属,要特别注意批评的措辞及场合。

【例 4-22】

一张处罚单

有家饭店的楼层领班查一间房花了 10 多分钟,查出墙角地毯上有少许浮灰、纯净水托盘上有少许水迹、卫生间地面上有少许短发等 10 多条问题,丢下一张处罚单走了。

[点评] 类似这样的沟通方式,当事员工恐难心服,也难以真正起到教育整改的目的。对于清扫员工作中的问题,当班领班需要及时指出,帮助员工纠正,而不是简单的一张处罚单了事。

【例 4-23】

"处罚单"能否变个脸?

大部分饭店都有"处罚单"。所有的处罚单,几乎都是清一色的严肃的面孔,一句多余的话都没有。饭店制作处罚单的时候,能否将单子的抬头"处罚单"三字改为"改进单",再加上一句话,"纠错是为了更好地正确前行",以减弱处罚对员工心理造成的负面影响?这样的处罚单可能比单纯的严肃的处罚单效果要好得多。改动后加上了富有人情味、文化味、教育性、启迪性非常强的一句话,处罚单的面孔立即由严肃、冷酷、无情,变得慈祥、安静、企盼和充满着希望。当员工接到处罚的时候,看到了这句话,心理上会发生一系列的变化,由本能的反感、抵触、反抗到理解、认知,再到接受,最后到改正错误,抬头变个脸叫"改进单"是再合适不过了。

[点评] 处罚本是反面的教育,改为改进就变成了正面教育,鼓励员工改正错误,激励员工向正确的方向前行。在处罚单上做一个小小的改进,效果大为改观、境界迥然,这就是沟通的艺术。

【例 4-24】
换一种方法，效果果然不同

俄克拉荷马州的乔治·强斯顿，是一家营建公司的安全检查员，负责检查工地上的工人有没有戴安全帽。每当有工人在工作时不戴安全帽，他便会用职位权威要求工人改正。其结果是，受指正的工人常显得不悦，而且等他一离开，就又把帽子拿掉。

后来，强斯顿决定改变方式。第二回他看见有工人不戴安全帽时，便问是否帽子戴起来不舒服，或是帽子尺寸不合适。并且用愉快的声调提醒工人戴安全帽的重要性，然后要求他们在工作时最好戴上。这样的效果果然比以前好得多，也没有工人显得不高兴了。

6. 选择适当的场所、恰当的时间

俗话说：树要皮，人要脸。人们在做错事后，普遍有这样一种心理，即不希望别人知道，所以批评下属时最好选在单独的场合。独立的办公室、安静的会议室、午餐后的休息室等都是不错的选择。尽量不要当着众人面批评下属。

此外，对错误要及时惩罚、批评，否则事过境迁效果会大打折扣。如北京某五星级饭店实行"现奖现罚"，一般的奖惩当天或第二天就实行，取得了良好的激励效果。

在批评时间的具体安排上，许多管理者习惯一上班就批评下属，其实这是一种非常不可取的做法。试想，如果你兴冲冲从家中赶到饭店，一来上班就看上级的脸色、听上级的训斥，再去干活能有好心情吗？恐怕一整天你都会感到郁闷、情绪低落。督导要谨记，如果不是迫不得已，应尽量避免在下属刚上班时就去批评，最好选择在员工下班时。受了批评，没有哪一个人会高兴的。下班挨了批评，员工发泄的渠道比较多，也容易发泄，如与亲朋好友聊聊天、打打球、散散心，年轻的女员工经常会到超市买零食，一边走一边吃，走回家，气就消了。

7. 一次只提出一个批评意见

批评应该就事论事，有些督导批评员工时，喜欢将平时对员工的不满、意见一股脑儿倾泻出来，还有些督导会翻员工的老账，导致员工产生非常严重的抵触情绪。英国行为学家 L.W. 波特定理：当遭受许多批评时，下级往往只记住开头的一些，其余就不听了，因为他们忙于思索论据来反驳开头的批评。

8. 友好地结束批评

正面批评下属，对方或多或少会感到有一定的压力。如果一次批评弄得不欢而散，对方一定会增加精神负担，产生消极情绪甚至是对抗情绪，这会为以后

的沟通带来障碍。所以，每次的批评都应尽量在友好的气氛中结束，这样才能彻底解决问题。在会见结束时，督导不应该以"今后不许再犯"这样的话作为警告，而应该对对方表示鼓励，提出充满感情的希望，比如说："我想你会做得更好"或者"我相信你"，并报以微笑。让下属把这次见面的回忆当成是你对他的鼓励而不是一次意外的打击，帮助他打消顾虑，增强改正错误、做好工作的信心。

大多数员工都想把工作做好，很难想象员工会说："我不行，我希望失败。"人都会犯错误，一些员工只是需要额外的帮助而已。作为督导要慎用批评。卡耐基曾指出，为人处世基本技巧的第一条就是"不要过分批评、指责和抱怨"，第二条是"表现真诚的赞扬和欣赏"。总盯着下属的失误，是一个管理者的最大失误。俗话说：良药苦口，忠言逆耳。"一句鼓励的话，可以改变一个人的观念与行为，甚至改变一个人的命运；一句负面的话，可以刺伤一个人的心灵与身体，甚至毁灭一个人的未来。"

典型案例

有一位员工最近家中可能有些事情发生，已经连续两天迟到，而且迟到时间都超过 10 分钟。第三天他又迟到了。主管立即把这个员工叫到办公室，不听员工任何解释，就开始用一种斥责式的口吻批评道："哎呀！你看你又迟到了，你怎么天天迟到？你这个迟到大王！你这样迟到还干什么活？"甚至还语带威胁，"你如果再迟到一次，你看着吧，说不定把你开除掉。"

【案例评析】

不听下属解释、不分青红皂白，狂轰滥炸式地批评下属，可以想象得到，员工会是怎么样的一种反应。他肯定气呼呼地走出办公室，说不定"啪"地把门关起来。等回到岗位上，他会把抽屉"嘭"地拉出来。左邻右舍都会感受到这个员工真的很不高兴，可能会来问他，到底发生了什么事？他会告诉大家，他只不过迟到了两三次，主管却说他天天迟到。天天迟到跟迟到两三次根本不是一回事！这种防卫性的沟通，产生的一个后果就是恶性循环——员工不见得会改进工作，即使改进了工作也是在心不甘情不愿的情况之下改进的。

如果换成沟通技巧比较高的主管，他要做的是支持性的沟通。他会私下请这个员工到办公室，然后询问他最近家里有些什么事，为什么昨天迟到，前天也迟到？已经迟到第三次了。有没有什么地方可以帮忙的？尊重员工了解员工，与之坦诚相待，相信员工一定会从内心改善工作，甚至告诉你孩子生病了，或是家里出了什么事了，他会很快正常工作。

问答题

1. 分析你自己及周围的同事,在与下属沟通时存在哪些问题?如何克服这些问题?
2. 设计一份专项调查表,了解下属的个人需求。
3. 分别举一个向下沟通成功和失败的案例并作分析。
4. 什么是交叉培训,为自己的岗位设计一份交叉培训计划。
5. 不少饭店管理者挂在嘴边的一句话是:做得好不表扬是应该的,做得不好挨批评是应该的。你认为这句话有道理吗?说说理由。

自测题

1. 请在属于行为叙述式的句子前标明"行为",在属于个性叙述式的句子前标明"个性"并改写为行为叙述式。

行为　个性
☐　　☐　　(1)下一次这里要抹干净。
☐　　☐　　(2)请你以后干活小心一点。
☐　　☐　　(3)你不适合在前台接待顾客。
☐　　☐　　(4)你的工作态度很不好,昨天你又迟到了。
☐　　☐　　(5)你怎么那么笨!怎么教都教不会的。
☐　　☐　　(6)下次盘点物品时,要更小心些。
☐　　☐　　(7)你总是说别人的缺点!
☐　　☐　　(8)你干活时,怎么总是丢三落四的。

2. 请回想一下你在表扬或批评下属时是否有以下行为:
☐ 你常常赞美你的下属吗?
☐ 你对下属的赞美是发自内心的吗?
☐ 你能针对下属的具体行为及时加以赞美吗?
☐ 你喜欢当众赞美或批评你的下属吗?
☐ 当下属不在场的时候,你还会赞美他吗?
☐ 你常常因为害怕影响与下属的关系而不愿意当面批评他(她)吗?
☐ 你的批评常常令你的下属难堪吗?
☐ 你在批评下属的时候能做到对事不对人吗?

参考答案: 是;是;是;否;是;否;否;是

如果你的答案正确率在 80% 以上,那么恭喜你,你已经很好地掌握了赞美和批评部下的方法,你和他们的沟通应该是很融洽的;如果你的答案正确率在 50% 以下,那么建议你努力改善与部下之间的沟通方法。

3. 回答以下问题，如果你的答案是否定的，请写出你的改进计划。

（1）你在赞扬下属时方法是否得当？

赞扬下属的要点	是√ 否×	改进计划
赞扬的态度真诚		
赞扬的内容具体		
赞美的场合适当		
适当运用间接赞美的技巧		

（2）你在批评下属时方法是否得当？

批评下属的要点	是√ 否×	改进计划
在友好、愉悦的气氛中开始谈话		
对事不对人，尊重客观事实		
不伤害部下的自尊与自信		
友好地结束批评		
选择适当的场所、时间		

阅读回答

阅读以下员工与糟糕的督导共事经历的叙述，然后回答问题：

例1："几年前，我在一名'铁腕'主管手下工作。在那里的工作痛苦不堪，以至于我连上班都不想去，更不要说在那儿做什么事情了。每逢周一，她就会批评上周某个人的工作，下一个星期，又会轮到别的什么人。"

例2："我碰到的最差的上司是个小心眼、毫无远见、凡事求稳的人。他从来不会尝试任何新的东西，因而显得知之甚少。如果情况不妙，他从来不会站出来为你讲话。"

例3："一天，我正在工作，后背和左半边开始痛起来。我去找人帮忙，他们把我送到医务室，医生说我神经疲倦。当我告诉我的领班这件事，他只说了一句话：'我想你现在什么也干不了了，是吗？'"

例4："我的上司在让我做新工作时从来没有给我任何指导，为了赶房间，我每天都要加班加点，甚至在星期六的那天工作了11个小时。而我的上司却要求我在星期天继续加班，我没有答应他，他因此对我很不满。"

问题：

（1）分析上述案例中督导们存在的问题。

（2）你认为这些督导对其员工的绩效有何影响？

（3）你能从上述四个案例中学到或重新学到什么？

案例分析

你的一名女下属工作热情和效率一直都很高，每次都能圆满地完成工作指标，你对她的工作十分放心，监督力度越来越小。最近你给她分配了一项新的工作，认为她完全有能力胜任这项工作。但她的工作情况却令人失望，而且还经常请病假，占用了很多工作时间，你该怎么办？

1. 明确地告诉她去做什么，并密切注视她的工作。
2. 告诉她去做什么，怎样去做，并设法查明问题出在哪里。
3. 安慰她，帮她解决问题。
4. 让她自己找出应对新工作的方法。

自我测试

评价标准：

非常不同意／非常不符合（1分）　　不同意／不符合（2分）
比较不同意／比较不符合（3分）　　比较同意／比较符合（4分）
同意／符合（5分）　　　　　　　　非常同意／非常符合（6分）

问题：

1. 能根据不同下属的特点提供合适的建议或指导。
2. 我劝告下属时，更注重帮助他们反思自身存在的问题。
3. 我给下属提供反馈意见甚至是逆耳的意见时，能坚持诚实的态度。
4. 我与下属讨论问题时，始终就事论事，而非针对个人。
5. 我批评或指出下属的不足时，能以客观的标准为基础。
6. 我纠正下属的行为后，我们的关系常能得到加强。
7. 在我与下属沟通时，我会激发出对方的自我价值和自尊意识。
8. 即使我并不赞同，我也能对下属的观点表现出诚挚的兴趣。
9. 我不会对比我权力小的下属表现出高人一等的姿态。
10. 在与自己有不同观点的下属讨论时，我将努力找出双方的某些共同点。
11. 我的反馈是明确而直接指向问题关键的，避免泛泛而谈或含混不清。
12. 我能以平等的方式与对方沟通，避免在交谈中让对方感到被动。
13. 我以"我认为"而不是"他们认为"的方式表示对自己的观点负责。
14. 讨论问题时，我通常更关注自己对问题的理解，而不是直接提建议。
15. 我有意识地与下属进行定期或不定期的私人会谈。

自我评价：

如果你的总分是：

80~90 分　你具有优秀的沟通技能

70~79 分　你略高于平均水平，有些地方尚需提高

70 分以下　你需要严格地训练沟通技巧

选择得分最低的 6 项，作为学习提高的重点。

单元五

督导与上级沟通的技巧

学习目标

沟通如流水,向下容易向上难。本单元的学习,将有助于督导与其上级建立并发展良好的上下级关系。

学习内容

◆ 与上级沟通的障碍
◆ 与上级沟通的要诀
◆ 向上级汇报工作的方法
◆ 向上级提意见的技巧

向上沟通常见问题:
(1)对上级了解不够
(2)报喜不报忧(信息的甜蜜化)
(3)心理有障碍
(4)服从性不强
(5)表达能力欠佳

一、了解上级的需求

表 5-1 上级需求与下级沟通行为表

上级需要(下级)	下级沟通行为
1. 支持	尽责,尤其在上级弱项处给予支持
2. 执行指令	聆听、询问、响应、行动
3. 了解下属情况	定期汇报工作、思想情况
4. 为上级分忧	理解上级、敢挑重担
5. 提供信息	及时给予反馈、沟通信息

无论上级是什么样的个性,在沟通上,他们有一些需求是共性的。作为下级

的督导，需要理解并将其运用在与上级的沟通行为中。

【例5-1】

买土豆的故事

小王和小李同时受雇于一家公司，拿同样的薪水。一段时间后，小王青云直上，小李却原地踏步。小李想不通，经理为何厚此薄彼？

经理于是说："小李，你现在到集市上去一下，看看今天早上有卖土豆的吗？"一会儿，小李回来汇报："只有一个农民拉了一车土豆在卖。"

"有多少？"经理又问。

小李没有问过，于是赶紧又跑到集上，然后回来告诉经理："一共40袋土豆。"

"价格呢？"

"您没有叫我打听价格。"小李委屈地申明。

经理又把小王叫来："小王，你现在到集市上去一下，看看今天早上有卖土豆的吗？"

小王很快就从集市上回来了，他一口气向经理汇报说："今天集市上只有一个农民卖土豆，一共5袋，价格是1元钱1斤。我看了一下，这些土豆的质量不错，价格也便宜，于是顺便带回来一个让您看看。"

小王边说边从提包里拿出土豆，"我想这么便宜的土豆一定可以挣钱，根据我们以往的销量，5袋土豆在1个星期左右就可以全部卖掉。而且，咱们全部买下还可以再适当优惠。所以，我把那个农民也带来了，他现在正在外面等您回话呢……"

[点评] 在饭店的日常工作中，很多时候督导都会认为按时按量将上级安排的工作完成就够了，有时，督导也会去思考怎么去完善自己的工作，怎么去把自己的工作做得更好，但总是会因为遇到的一些困难，或因为懒惰的情绪而忘了去执行。然而，作为一个具备责任心和主动性的人，督导都应该在执行上级指示的同时发挥自己的主观能动性，努力将自己的工作做到更好，做到在工作上追求完美、尽心尽责。

二、了解上级的个性

上级固然是领导，但他首先是一个人。作为一个人，他有他的性格、爱好，也有他的语言习惯等。如有些上级性格爽快、干脆；有些上级则沉默寡言，事事多加思考。有些上级喜欢书面汇报，有些则喜欢听口头汇报。诸如此类，督导必须了解清楚，不要认为这是"迎合"，这正是运用心理学的一种学问。

1. 怀疑型

有些上级整天怀疑自己的下属偷懒不干活,时常窥视下属的一举一动。对付这类上级最好的办法是经常向他汇报,多和他交流,明确告诉他你干了些什么、结果如何,以使他放心;有些上级精力过剩,热衷事业,但对下属很苛刻,碰到这种工作狂,最佳对策是甘拜下风,不断向他请教,使他感到你在他的英明领导下努力工作,这样反而可以得到他的赏识。

2. 能力欠缺型

有的上级自己的能力不强,老是担心下属会超过他,抢了他的位置。这时你就要收敛起自己的锋芒,做到谦虚谨慎,这样自然会博得上级的信任和赏识,以消除上级的戒心。平时要经常向上级请示汇报,不擅自做主,特别是一些决策性的工作,要等上级表态。另外,不要总是把眼光盯在上级不足的方面,应该去尝试找上级的闪光点,因为职场比拼的是综合素质,而不是专能。

3. 严谨型

有的上级非常严谨,当他总是批评你、谈及你的过失时,其实也是对你的留意和关心。这时督导要听得进去,如先要培养自己的耐心,面对上级的批评,应该能接纳并积极地去解决问题,争取给上级一个好印象。如果你的上级是一个非常冷静的人,他不会大笑大闹,而是始终保持常态。督导和他打交道就应该尽量保持和他相同的风格。

4. 权威型

当你的上级是一个权威型的人时,这时督导不能自卑,要拿出最慎重和一丝不苟的态度和良好的专业知识,在工作的过程中,要展示自己的才华和智慧,使出浑身解数、赢得主动、赢得利益、赢得所有人的称赞。工作结束后,如果上级问你:"你在工作上还有什么理想?"千万别直接说:"我想升职。"但可以不失时机地给上级一个暗示:"如果有更多的挑战,我会有更多的创造空间。"这样,等待你的肯定是另有重用。

【例 5-2】

机会只给准备好的人

A 在合资公司做白领,觉得自己满腔抱负没有得到上级的赏识,经常想:如果有一天能见到老总,有机会展示一下自己的才干就好了!

A 的同事 B,也有同样的想法,他更进一步,去打听老总上下班的时间,算好他大概会在何时进电梯,他也在这个时候去乘电梯,希望能遇到老总,有机会打个招呼。

他们的同事 C 更进一步。他详细了解了老总的奋斗历程,弄清老总毕业的学校、人际风格、关心的问题，精心设计了几句简单却有分量的开场白，在算好的时间去乘坐电梯，跟老总打过几次招呼后，终于有一天跟老总长谈了一次，不久就争取到了更好的职位。

[**点评**] 愚者错失机会，智者善抓机会，成功者创造机会。机会只给准备好的人，这准备两字，并非说说而已。

三、接受上级指示要则

督导在日常工作中，会经常收到来自上级的工作指令，接受上级指示时应注意以下几点：

1. 注意倾听

在上级下达指示时，督导应认真倾听，听清上级指示的重点。不能随便插话，打断上级的讲话。

2. 明了上级意图和工作重点

倾听时，督导可用传统的5W2H的方法来快速记录工作要点，即弄清楚上级指令的时间（When）、地点（Where）、执行者（Who）、为了什么目的（Why）、需要做什么工作（What）、怎样去做（How）、需要多少工作量（How many）。

3. 进行恰当的反馈

为避免理解上出现差错，在接受上级的指示后督导应进行恰当的反馈，用最有效的方式与上级就重要问题进行确认，如"您的要求是……""今天晚餐有80人会议的自助餐，下午5点前准备好……"

4. 接受指示

既然是接受指示，就应当首先将指示接受下来。即使有什么问题，也不要急于进行反驳，避免进行讨论和争辩。除非得到上级的认同，否则不要在这种场合与上级进行讨论和争辩。

四、学会服从

在很多中国人的概念中，服从就是"对的就服从，不对的就不服从"。其实，这种说法存在判断标准上的错误。这种观念无异于宣告你比你的上级更具有判断力，而你使用的判断标准其实就是你自己的标准，而不是上级的标准。反过来说，如果以你的标准为准，也就等于承认你的判断力比你的上级还好，所以上级的判断不算数，要以你的判断为准，自然得出这样的结论："对的就服从，不对的就不服从"。实际却不然。

检讨一下，我们是否经常听到别人或自己如是说：

"如果不是路上车堵，我不会迟到的。"

"我没有在规定的时间里把事做完,是因为……"
"我没学过。"
"我没有那么多的时间。"
"现在是休息时间,半小时后你再来电话吧。"
"我哪有那么多精力。"
"我没办法这么做。"
"这事与我无关。"
"这几天我很忙,我尽快做。"
"我们以前从没那么做过。"
"那个客人太挑剔了,我无法满足他。"
……

在每一个借口的背后,都隐藏着丰富的潜台词,只是很多时候人们不好意思或者根本就不愿意说出来。借口实际上是逃避困难和责任的一种典型表现。

【例5-3】

服从没有借口

巴顿将军在他的战争回忆录《我所知道的战争》中曾写到这样一个细节:

"我要提拔人时常常把所有的候选人排到一起,给他们提一个我想要他们解决的问题。我说:'伙计们,我要在仓库后面挖一条战壕,8英尺长,3英尺宽,6英寸深。'我就告诉他们那么多。我有一个带后窗户的仓库。候选人正在检查工具时,我走进仓库,通过窗户观察他们。我看到伙计们把锹和镐都放到仓库后面的地上。他们休息几分钟后开始议论我为什么要他们挖这么浅的战壕。他们有的说6英寸深还不够当火炮掩体。其他人争论说,这样的战壕太热或太冷。如果伙计们是军官,他们会抱怨他们不该干挖战壕这么普通的体力劳动。最后,有个伙计对别人下命令:'让我们把战壕挖好后离开这里吧。那个老畜生想用战壕干什么都没关系。'"最后,巴顿写道:"那个伙计得到了提拔。我必须挑选不找任何借口地完成任务的人。"

1. 服从面前没有面子

服从要强调的第一点就是——服从面前没有面子。面对上级,督导理由要少一点,行动要多一些。在饭店经常会遇到这种情况,当督导接受一项工作任务的时候,不是马上跑去把事情做了,而是先要想一想,要让交代任务的人先走开,似乎是要留下一段时间让自己想想。其实,督导这样做的主要原因就是好面子。这种情况在部队里决不会出现,部队里说立正就立正,向右转就右转。一个命令下去,第一时间就要展开行动。

2. 服从要直截了当

服从还要直截了当。在工作中，饭店需要这种直截了当的、没有阻力的传递过程，这是一个非常重要的参数或者指标，是沟通效能、管理效能高的非常重要的方面。服从是直截了当的，是持开明和接纳态度的。当上级向你交代工作，而你讲出许多理由的时候，这只是表明你对他的交代持保留态度——这显然是不可取的，而只有服从才是最谦虚、最直截了当的。

3. 先接受再沟通

先接受再沟通也是服从上级指示的一个要求。这个要求主要针对那些马上推辞命令的人。当领导在会议上宣布一项工作或者安排工作的时候，如果你马上就列出一大堆理由证明你有多大的困难，这个时候的你必然是不受欢迎的。这不是一种好习惯，任何上级都不会喜欢。

比较好的做法是不管你觉得有多大的困难，先把分配给你的任务接受下来。如果真有什么困难，可以在会后与上级沟通。

4. 马上按指令行动

马上按指令行动体现的是一种服从的精神。就像军队里的士兵一样，人随命令而行，不能有一时一刻的延误。比如，经理责备你一张报表都会写错，你应该马上承认错误并且马上改正错误，这就叫"马上按指令行动"。

总之，服从对任何组织来说都是至关重要的。没有服从就没有领导，一个优秀的督导从不在工作中寻找任何借口，他们总是出色地完成上级安排的任务，替上级解决问题。他们总是尽全力配合同事的工作，对同事提出的要求，从不找任何借口推托或延迟。他们总是把每一项工作尽力做到超出客人的预期，最大限度地满足客人的要求，而不是寻找各种借口推诿。

五、及时复命

及时复命，是指下级执行上级下达的任何命令时，不管完成与否，都要在规定时间内向上级回复；完成任务后，下级需及时向上级汇报。如果下级在执行任务时发现有不可克服的困难或阻力，无法按时、按标准完成规定的任务，也要立即向上级复命，并讲清不能完成任务的原因。上级根据情况撤销原命令或更改命令的内容。复命的时间一般不超过8个小时。

及时复命制的核心是有命必复，只要事情布置下去，就必须复命。

8小时复命制并不是指8个小时内完成任务，而是上级布置一项工作时，下级若不提出异议，就要按时完成，并在完成工作的8小时内给上级答复。若在执行工作的过程中遇到突发、意外事件，应在8小时内汇报；若在做工作的过程中遇到困难，也应在8小时内汇报，以便领导及时调动人力、物力、财力，协助克服困难，使工作顺利完成。不能在没按时完成工作时再提出种种理由，这时已经违背了 8 小时复命制的核心原则。

【例 5-4】

及时复命

某饭店人力资源部陈经理吩咐其秘书准备一份材料，第二天开例会时要用。到了第二天，各部门经理都到了会议室，陈经理就问秘书："你准备的材料呢？"秘书迟疑了一会儿，轻声说："哦，不好意思！昨天小张出去了，来不及向他要相关数据，材料还没准备好。"陈经理很生气："你怎么搞的，为什么不早点跟我说，你让我这个例会怎么开！"

[点评] 与例子中类似的情况经常在饭店上演：上级下达任务，督导完成任务后并没有立即复命，使上级无法及时了解工作进度；员工在接到任务时，并没有竭尽全力去执行，最后无法交差，不得不浑水摸鱼，企图蒙混过关；有的督导完不成任务也去复命，带着问题向上级汇报，把皮球重新踢给上级……

复命制的核心是"有命必复，使命必达"。首先，要求事情做成了，要复命；半途遇上问题做不成，更要复命，而不是等上级询问时，才被动地回复我没有做、我做不了之类的话。其次，还要有"使命必达"的复命理念，对上级下达的任务要全力以赴，克服一切困难去完成目标，然后将结果回复给上级。

【例 5-5】

凡事有交代，件件有着落，事事有回音

"凡事有交代，件件有着落，事事有回音。"无论做什么事情都有始有。

1. 约定时间内给到反馈

别人发起的活动或工作，在一定时间内，不管我们完成的效果如何，都要认真反馈给发起人，并且每件事情或者工作都要有这种思维，这叫闭环思维。尤其面向上级，如果上级交代了一件事，作为下属，应该竭尽全力去完成，最后不管完成的质量如何，都应该在约定的时间内给领导一个反馈。

比如，某饭店人力资源部王经理要求领班小李在一周内撰写一个培训方案，作为下属，可能需要和经理对方案的内容和要求进行沟通，达成共识。后续还要进行大量调研，然后撰写符合上级要求的培训方案，通过 OA 系统发给王经理。这是否叫闭环了呢？过了几天，王经理问小李：方案写好了吗？小李一脸无辜地说：经理，我已经发给你了。

此时我们可能突然意识到了，把方案发给上级并不是这件事的目标，而应该通过口头或者电话方式告知上级方案已发，并征询上级对方案的解读和修改意见。

在这个案例中，王经理也许没有意识到闭环思维的理念，但他肯定觉得下属在工作中缺了点什么。甚至他都无法直接批评小李，因为小李确实把方案发给他了，但是，王经理无意识中会对下属的信任度打点折扣。

2. 及时沟通，做好阶段性反馈

很多时候，上级交办或者是答应别人的事可能需要一个较长周期才能完成。中间过程需要怎么办？与其等着上级想起来问进度，不如自己阶段性地向领导汇报，这样会在上级心里会留下"积极主动"的好印象。

从本质来看，闭环思维强调的不仅仅是责任心，它更强调团队配合和人际敏感性。完成事情本身固然重要，但我们心里更要装着与此相关的人。能够洞察到相关者在每个阶段对事物的关注程度和相关诉求，尤其是在事情结束时能够给对方一个答复，让其也在这件事上闭环。

六、正确看待上级的批评

古人云："人非圣贤，孰能无过？"任何人都有可能无意或有意地犯错误。作为工作在一线的督导，每天事务烦琐，工作中出现差错是在所难免的；出现差错而被上级批评，是经常发生的事情。虽然良药苦口利于病，忠言逆耳利于行，但多数人是很难持积极的态度对待批评的。美国学者戴尔·卡耐基通过多年的观察、研究表明，任何教训、指责，都会使人感到伤了自尊而处于自我防卫状态，并且往往会激起他极大的反感，促使他竭力为自己辩解。可以说，闻过则喜者少。喜表扬、恶批评，是一种普遍存在的心理现象。那么，一个明智的督导者，应当怎样对待上级领导的批评呢？

1. 强化组织观念

在组织系统中，上级对下属有着法定的监督、控制、指导等权力。当下属出现与组织的统一运作相背离或不协调、有误差的行为时，上级有责任对其进行批评指正，这是毋庸置疑的。如果任其所为，那就是领导的失职，他就会因此而受到更上一级领导的批评、惩处。所以说，上级是在履行职责，是对事不对人。作为下属的督导应当具有这种起码的组织观念，被批评时，不应有上级故意找自己的碴儿、跟自己过不去的想法。这种想法不但于改正错误无益，还会形成抵触情绪，影响与上级的正常工作关系和感情。

2. 进行换位思考

当上级批评自己时，督导如果感到难以接受，这时换个位置，设身处地地从上级的角度考虑一下：如果我是领导，会怎样对待犯了这种错误的下属？能够听之任吗？换位思考，往往就会心平气和，就会正视自己的缺点错误。如果督导只是局限从自我的角度考虑问题，常常会感情用事，陷入狭隘、偏执、片面的泥潭而难以自拔。实际上，对于许多问题的思考，适时转换思维角度，会进入别有洞天、豁然开朗的境界。

3. 不要过于计较上级的批评方式

正如英国学者帕金森所说："即使在私下，不破坏和谐融洽气氛与亲密合作的批评都是很难做到的。"批评确实是件不容易掌握的事情，既要使对方认识到错误的危害性，又要做到不伤其自尊，欣然接受，还要以此增进双方的信任感，往往很难同时做到这一切。由于每个上级的工作方法、修养水平、情感特征各不相同，对同一个问题的批评方式就会表现出明显的差异。和风细雨式的批评，往往容易接受；而疾风骤雨式的批评，就让人难以忍受。然而作为下级，不可能去左右上级的态度和做法。应当认识到，只要上级的出发点是好的，是为了工作、为了大局、为了避免不良影响，以免造成更大的损失，为了帮助教育你，哪怕是态度生硬一些、言辞过激一些、方式欠妥一些，作为下级的你也要适当给予理解和体谅。

4. 不推卸责任

有了错误，给工作造成了损失，不从自身找原因，强调客观，极力推诿，是最为愚蠢的做法。有些督导一开始就急于为自己辩白、解脱，结果会适得其反，给人以避重就轻、逃避责任的印象。妥善的做法是：接受批评，并积极着手解决造成的不良后果。待上级进一步调查原因时，认真配合，逐步搞清真相。这样，你该承担什么责任，他人该承担什么责任，什么是客观不可避免因素，终会有个公正的结论。要知道，任何问题的处理都要有个过程，应当学会耐心等待，否则，往往是欲速不达。

【例5-6】

吉田教授的最后一堂课

20世纪80年代，日本经济一片繁荣，企业争相预约毕业生。出自名校的学生有两三家公司待挑选是常事。日本的上智大学，讲授社会学的吉田教授在最后一堂课对即将出征的属下做最后的叮咛。

吉田教授开口说道："恭喜各位已经在日本一流企业找到很好的工作。各位都是顶尖学校的学生，初入社会时，难免遇到一些能力不如各位的同事，却偏偏是各位的顶头上司。工作难免会犯错，难免会挨上司的怒骂。但请各位牢牢记住：挨骂的时候，无论对错都不要辩解。各位尽管立正站好，头愈低愈好，不断点头，大声说：'是的，谢谢指正'，'是的，非常抱歉，今后改进……'"

学生中有人打断教授的话，问道："如果自己没有错，还要这么低声下气吗？"吉田教授笑着回答："各位想想，如果真的不是自己的错，怒气中的上司也听不进任何解释，到最后，事情也会转变成'态度不好'的错，这样只会加深事态的严重性。""想想看，怒气中的上司，听得进几句辩解？而如果真的不是各位的错，辩解的结果证明是上司的错，如此，公然让上司难堪，对各位也没有多大好处。事后，等上司气消了，或在适当的时机再跟上司说明：'其实上一次……'上司了解之后，内心必然会想：'骂错了，还能如此虚心受教。这是老到的人员才做得到的，又没有让我公然难堪，跟我辩驳。等于欠你一次情，好小子。'上司自然会找机会设法补偿的，各位不必担心被误会，努力工作，时间将会证明一切的。"

5. 知错即改

从错误、失败中吸取教训，及时改正，这样的下属会很快得到领导的谅解、尊重以及同事的赞许。据心理学家观察，当人们看到犯了错误的人痛心疾首、懊悔自责的态度，并且竭尽全力去改正时，大都会因此而生恻隐之心，减轻对其错误的谴责和反感心理，同时还会给予热情的关注和由衷的帮助。

6. 力戒消沉

犯错误挨批评终归不是件愉快的事情，所以多数人的反应是悔恨不已。心理素质健康的人，能够很快通过提高思想认识，振作起精神，进行积极的自我调适，重新开始起步，以努力工作来弥补过失。但一些性格内向、自尊心过强、敏感多疑、对挫折耐受力低的人，会把问题看得过于严重，担心别人会看不起自己，领导今后也会用"有色眼镜"看待自己，前途无望了，从此一蹶不振。英国学者利斯特曾说过："我能想象到的人的最高尚行为，除了传播真理外，就是公开放弃错误。"错误并不可怕，批评也不可怕，关键在于你怎样去认识它们、对待它们。从错误中吸取教训，从批评中汲取营养，这样，你才会逐步走向成熟，走向成功。

七、说服上级的技巧

饭店就像一条航行中的轮船，下级船员对上级船员一定要服从，全船服从船长。做一个好下属，服从还不够，还要善于为上级补台，还应该敢于、善于向上级提出不同意见。一个完全听命于上级，没有自己思想的人，也不是一个好督导。但是，向上级提出意见要出于真诚和善意，做到有主见但不固执，多揽事而不争功，行权不越权，到位不越位。在现实中，上级反对下属的意见时一般可当即提出，下属则不同。美国副总统戈尔写过一篇文章，叫《怎样当副手》，讲的就是这个道理——下级要在维护上级权威和面子的前提下，讲求方法、注意场合地向上级提出自己的不同意见，因为总统的权威和面子是国家的权威和面子。同样，饭店总经理的权威和面子也是企业的权威和面子，一个部门、一个班组莫不如此。

【小资料】

企业沟通政策

在管理实践中，信息沟通的成败主要取决于上级与下级之间全面有效的合作。但在很多情况下，这些合作往往会因下级的恐惧心理而形成障碍。一方面，如果上级过分威严，给人造成难以接近的印象，或者缺乏必要的同情心，不愿体恤下级，都容易造成下级人员的恐惧心理，影响信息沟通的正常进行。另一方面，由于下级心理畏惧，向上沟通时可能会"知而不言，言而不尽"，影响信息沟通。

为了更好地鼓励上行沟通，国内外很多知名企业都想方设法制定了各式各样的"沟通政策"，用于保证有效的上行沟通。例如，制定完善的投诉程序；高层领导的开门政策、座谈会或热线电话；电子邮件或音频、视频对话；咨询、态度问卷调查和离职访谈；正式或非正式地参与决策；外聘独立调查员等。

以下是几家知名企业在上行沟通方面的特色做法：

1. 惠普公司"敞开式的办公室"与"直呼其名"的沟通政策

惠普公司的办公室布局采用美国少见的"敞开式大房间"，惠普公司的每个人，包括最高主管，都是在没有隔墙、没有门户的大办公室里工作的。尽管这种随时可以见到的做法也有其缺点，但是，惠普公司发现这种做法的好处远远超过其不利之处。

"开放式管理"政策是目标惠普管理哲学不可分割的一部分。而且，这个做法鼓励并保证了沟通交流不仅是自上而下的，而且是自下而上的。同时，为了打消企业内部因为等级差异而产生的沟通障碍，惠普公司要求对内不称头衔，即使对董事长也直呼其名。这样有利于沟通，创造无拘束和合作的气氛。

2. 企业"花名"制度

花名是一个汉语词汇，读音为 huā míng，也被称作化名，等同于绰号，通常为了隐藏原本的身份而使用。

"花名"目前正在一些企业流行，最典型的是阿里巴巴。阿里巴巴的每位员工入职时都要取一个"花名"，在工作中用花名，生活中则用自己的名字。马云自称"风清扬"，而现任 CEO 张勇则叫"逍遥子"。亚朵酒店还专门印制了《亚朵酒店花名制度手册》，说明花名使用的范围与规范、执行方法。

花名带有游戏色彩，不像正式名字或工号职称那么严肃刻板，也剥除了职位高低的权力感差异，塑造出亲昵的人际交往氛围，这对于企业正常运作的科层管理体制是一种有益的补充。根据《美国管理学会学报》指出，花式叫法能够为压力过重的员工缓解情绪。宾夕法尼亚大学沃顿商学院学者亚当·格兰特带领的团队曾对采用"花式头衔"的公司员工进行过研究，结果显示，85%的员工表示起花名减轻了工作产生的疲惫感。

典型案例

美国第28任总统伍德罗·威尔逊有才能、自负,所以对别人的意见要么不采纳,要么根本不予理睬。但是,有一个人是例外,这个人就是他的助理豪斯。为什么威尔逊对豪斯会另眼相待呢?

豪斯自己说,有一次,他被单独召见,他明知总统不容易接受别人的建议,但还是尽自己所能,清楚明了地陈述了一种政治方案。因为他苦心研究过,自认为相当切实可行,所以说得理直气壮。然而同样的,总统没有表示任何接纳的意见,只是说:"在我愿意听废话的时候,我会再次请你光临。"但是数天之后,在一次宴会上,豪斯很吃惊地听到威尔逊正在把他数天前的建议作为总统自己的见解公开发表。这件事,使豪斯恍然大悟,懂得了向总统贡献意见的最好方法:避免他人在场,悄悄把意见"移植"到总统的心中。这样,他的计划就能顺利地被总统采纳。

【案例评析】

豪斯能取得这样的成功,也是因为他了解总统的心理。了解自己的上级,就能"管理"他,让上级对你信任有加,增进彼此之间的关系。

问答题

1. 请举一个工作实例,说明服从意识不到位,对工作所产生的负面影响。
2. 什么是服从?你是如何理解服从这一含义的?
3. 你在与上级沟通时存在什么障碍?如何克服?
4. 联系实际,谈谈如何正确看待上级的批评?
5. 什么是"8小时复命制"?如何贯彻"8小时复命制"?
6. 接受上级工作指示时要注意什么事项?
7. 你认为"对的就服从,不对的就不服从"这句话对吗?
8. 检讨一下,你在工作中是否有许多借口?分析产生这些借口的原因。
9. 如何与能力不强的上级相处?

单元六

督导与同级沟通的技巧

学习目标

了解平行沟通的重要性,掌握平行沟通的方法、技巧,增强合作意识,提高团队凝聚力。

学习内容

◆平行沟通的重要性
◆平行沟通的原则
◆平行沟通的方法

每个管理者都明了"管理是通过他人完成工作任务",但管理者心中的他人往往仅是自己的下级,很少有人考虑到与同级、同事沟通的重要性。而现代饭店大部分工作都与其他部门、班组、岗位的工作有联系,只有与你的同级、同事建立良好合作关系,才能顺利完成工作任务。

平行沟通常见问题:
(1) 职权不清,互相扯皮推诿
(2) 服务意识不到位
(3) 本位主义严重
(4) 缺乏沟通培训
(5) 动辄上交矛盾
(6) 处理问题不是就事论事

一、明确责权范围

同级沟通协调出现问题的一个主要原因是班组(部门)职责、权力范围不明确,导致有好事双方争权夺利,出现问题互相扯皮推诿。因此,首先要划定班组(部门)职责、权力范围,一件事情只能有一个班组(部门)负责管理,划定界限,减少扯皮及责权交叉引起的矛盾。如:客房部与工程部在客房维修保养上问题较多,出现问题后客房部往往将工程部推到被告席上,投诉工程部维修不及时、维修质量不过关；而工程部则会反戈一击：是你们客房部员工使用不当，造成维修量的加大，两个部门争个不休。如果就事论事，永远是只见树木不见森林，不能从根本上解决问题。所以必须首先明确在客房维修保养上双方的责任和权力，划定界限，各司其职（见表 6-1）。

表 6-1　客房维修保养责权范围

客房部		工程部	
责任	权力	责任	权力
1. 正确使用、妥善保管、尽力维护客房设备设施	1. 维修投诉权	1. 培训（或配合售后服务商培训）员工，使其掌握设备设施的使用与保养方法、要求	1. 培训权
2. 及时发现并报告维修问题	2. 维修验收权	2. 及时、节俭、高质量地完成各项维修工作	2. 定期检修权
3. 配合工程部进行维修（及时开启房门、住客房跟班维修）	3. 维修费用审核权	3. 定期检修客房设备设施	
4. 检查验收维修质量			

此外，班组（部门）与班组（部门）之间有许多工作是相互关联的，有一个互相衔接的问题，现代管理要求上下工序必须一道一道无缝衔接，不能留有两不管的地带。饭店每一块地方、每一件物品、每一项工作包括临时产生的工作都应有相关班组（部门）负责，不能出现任何空白。

【例 6-1】

谁的责任？

某饭店，总经理带了几个客户到小包厢用餐，发现包厢里的地毯非常脏，顺口就批评餐厅经理。餐厅经理感到非常委屈，认为餐厅只是负责每天常规的吸尘工作，地毯清洁是客房部 PA 组的事情，PA 组未将地毯洗干净，与餐厅无关。而 PA 组主管则声称，他们只是每月定期清洗一次地毯，开餐时地毯有污迹餐厅没有及时处理，时间久了地毯上的污迹成了顽渍，所以无法清洗干净，责任在餐厅，与 PA 组不相干。

[点评] 很多饭店规定，餐厅地毯由客房部 PA 组负责定期清洗，餐厅负责每天吸尘。但营业期间地毯上泼洒上了汤汁应由哪个班组（部门）负责清洗，在部分饭店管理上还是一个空白。

解决问题的方法是填补空白，在相应职责范围内明确：在餐厅营业期间，地毯上如泼洒上了汤汁应先由餐厅进行临时处理（PA 组负责业务指导），防止污迹扩散，并及时与 PA 组取得联系，等餐厅营业结束后，由 PA 组安排清洁。

二、强化服务意识

平行沟通出现问题，往往是服务意识不到位。

【例 6-2】

房卡为什么打不开门？

住客退房，如果过了当天中午 12 时还不办理续住手续，房卡通常就失效了，有些客人不知情，打不开门，就询问客房服务员。服务员往往会简单回答："对不起，我不知道，您自己到总台问问。"客人又到总台问，来回跑，简单的事情结果造成客人不满，影响对客服务质量。

饭店服务与管理存在无数的"顾客关系供应链"（图 6-1）。谁是顾客呢？任何接受服务的人都称为顾客。通常将顾客分为外部顾客与内部顾客。外部顾客即宾客，内部顾客就是你的下级、你的上级、你的同事或另一个部门的同事。

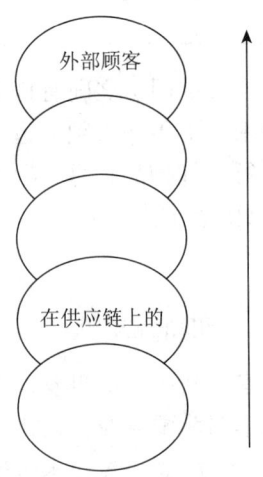

图 6-1　顾客关系供应链

在供应链上的每一个环节都是下一个环节的服务对象，每一个环节都应将上一个环节的同事视为内部宾客来提供最优质的服务，这样一环连一环到最终的环节——外部顾客，才有可能使外部顾客享受到最优质的服务。任何环节出了差错，都会影响到对客服务质量。饭店服务与管理是一个整体，出现问题要善于补台、补位，尽量不要将问题暴露在客人面前。尤其是二线的班组（部门）如 PA 组、洗衣房、管事部、人力资源部、采供部的管理者必须强化服务意识，牢牢树立"后台为前台"服务的意识并付之于实际工作。香港东方文华饭店有一个信条：如果你不是直接为客人服务的，那么你的职责就是为那些直接为客人服务的人服务。

海尔公司员工画过这样一张漫画，题为《市场是每个人的上级》，画面上的一位员工是个"双面人"，他的一面严肃地对下一个环节说："决不接收带缺陷的产品。"另一面则很谦恭地征求上一环节的意见："您满意吗？"

图 6-2　市场是每个人的上级

北京五星级昆仑饭店在后台贴有一条醒目的口号："宁可自己千辛万苦，不让一线一时为难"，这很好地诠释了"后台为前台"服务的二线服务原则和意识。

三、制定协调制度

跨班组（部门）的工作如何协调，这需要建立相应的制度，按一定的规范操作。例如，客房部报修涉及客房部与工程部两个部门，如何通过建立相应的制度来协调这两个部门的关系呢，请见表6-2。

表 6-2　客房部报修制度

涉及人员	做法及要求
1. 客房服务员	每天清扫客房时，检查客房设备设施，发现问题及时报告客房中心
2. 客房中心联络员	1. 客房中心接到报修要求后，如属急修，先电话报修后补维修单 2. 正常维修则填写维修通知单，每天上下午各报一次
3. 工程部调度中心调度员	1. 是急修的，接到报修申请后安排维修人员5分钟内到达维修现场 2. 正常维修的，安排维修人员30分钟内到达维修现场
4. 工程维修人员	在规定时间内到达维修现场维修，如是住客房维修，则客房服务员跟班维修
5. 客房楼层领班	验收合格后在维修单上签名

四、加强沟通培训

平行沟通由于在同级关系的人之间开展，不存在谁指挥谁、谁服从谁的上下关系链，所以，掌握沟通技巧尤为重要。与同级如何沟通、用什么方式沟通、出现问题如何处理，这需要进行专门培训。在此特别要强调的是交叉培训。

业务联系密切的部门、岗位，尤其要加强交叉培训。交叉培训应在饭店各个层次间进行，上到中层管理人员，下到一般员工。交叉培训可以跨部门进行。如可让客房部与工程部进行交叉培训，客房部学习客房设施设备的保养常识及客房设备用品小修小补的技能；工程部则学习在客房维修时的注意事项及遇见客人时的礼节礼貌；交叉培训也可以在部门内部进行，即在部门内不同班组、岗位间进行交叉培训，如客房部楼层班组与洗衣房、PA组间的交叉培训。目前流行的总台合并的做法，就是对接待、收银、问讯三个班组进行交叉培训，人员相互替补，从而达到减少人员、提高效率的目的。

饭店内部进行交叉培训有很多益处：

（1）易于换位思考。从平行沟通的角度，进行交叉培训，可以增进对其他班组（部门）工作的了解，主动配合对方，出现问题易于换位思考。

（2）利于全员促销。经过交叉培训的员工熟悉了其他部门的产品，可以在工作中进行有目的的促销。

（3）便于劳动力的调配。接受交叉培训的员工是饭店的多面手，工作需要时抽调到其他班组（部门）可以做到"招之即来，来之能战"。

（4）丰富员工工作内容。

【例6-3】

10分钟一间走客房

某新开业饭店，正值5月旅游旺季，客房供不应求，前一个团队才退房，客房还未能清扫出来，后一个团队已进店，在大堂等着进房。总台接待处很是焦急，多次催促客房，客房部给催急了，说话也有些戗了，两个部门由此发生矛盾：

接待处：你们客房动作怎么那么慢，到现在还不报OK房？

客房中心：你们催命鬼一样地催，我们给你们催死了！你们来干干看！

接待处：有什么了不起的，一间房10分钟不就搞定了。

客房中心：笑话，你来做做看！

[点评]不了解部门、班组的业务，往往习惯站在自己的角度看问题，说明本位主义严重。

【例 6-4】

哪里有老鹅头卖?

一次,笔者与一位同事对江苏扬州一家四星级饭店进行暗访。问客房服务员哪儿有卖扬州老鹅头的,服务员答:市中心某某街某某店出售的老鹅头最正宗,建议我们去那儿购买。当我们问及饭店是否加工老鹅头时,服务员答曰不太清楚。

[**点评**] 服务员不了解本饭店产品,极有可能错失一次促销良机,将送上门的生意拱手让给了他人。

五、疏通沟通渠道

借用一药品广告词:通则不痛,痛则不通。沟通渠道是否畅通在沟通中尤其是平行沟通渠道中作用非常大。可以说,沟通渠道畅通与否,在很大程度上决定了沟通的成败。

平行沟通的渠道通常有两种,即正式渠道和非正式渠道。

正式渠道比较正规、严肃,如班组(部门)协调会、电话沟通、报表、备忘录等。俗话说:好记性不如赖笔头,班组(部门)协调会应留有会议记录,电话沟通应有电话记录本。

表 6-3 客房中心接听电话记录本

来电时间	来电部门/人	来电内容	处理时间	受话人	记录员	备注

通过非正式渠道进行沟通相对比较宽松,如餐间聊天、班组(部门)联谊活动等,有些问题可能在用餐过程中就解决了。督导应尽量通过非正式渠道以弥补正式渠道沟通时的不足。

六、尽量避免矛盾上交

班组(部门)之间有了问题和矛盾,尽可能自行解决。动辄上交矛盾,将对方推到被告席上,不利于(班组)部门之间的沟通协调。因为被你推到被告席的一方,以后不是故意疏远你,就是会找个机会报复你一下。所以,督导能自己沟通的事情尽可能自己沟通,能解决的问题尽可能自己解决。

七、充分发挥管理人员的作用

所谓上行下效,作为基层管理的督导在平行沟通中起着相当重要的作用,督导在平行沟通中应积极主动、真诚相待,学会换位思考,主动配合,做到"自己的事情自己做,别人的事情帮着做"。

【例6-5】
服务联动提升宾客满意度

服务联动制,是指服务区域内各部门、各岗位通过一定的联系方式(如微信联动群、QQ联动群),相互协调合作响应,以提升服务效率的机制。

南京某五星级酒店通过微信工作群,在酒店内部推行"服务联动制",快速沟通、高效服务。如总台员工发现客人是自驾游时会主动询问客人车牌号,然后在微信工作群留言,联动保安部停车场员工主动为客人擦洗车辆。楼层管家如发现客人在房内晾晒湿衣服时,会主动将湿衣服拿至洗衣场烘干;如发现客人离店退房早、来不及用早餐时,会联动餐厅准备早餐饭盒,并在客人结账离店时送给客人。这种联动服务常常能给客人带来意外惊喜,并在网评中给予表扬,很多客人对酒店的服务予以高度评价,称其为"超五星的服务"。

服务联动机制的实现,需要酒店各部门、岗位之间的团队合作意识的培养,并以案例分析等多种形式将团队合作意识转变为各部门、岗位联运配合的行为。具体操作时,可对具体服务事件进行分析,讲解岗位之间如何默契配合,统一沟通方式、术语,进行岗位联动机制演练,使多岗联动的服务形式规范化、常态化。

典型案例

某饭店客房报修原来采用电话口头报修的方式,饭店楼层服务班组与工程部维修班组间的矛盾摩擦比较大,后在双方共同协商的基础上,重新制定了协调制度。

1.重新划定在客房维修保养问题上客房部与工程部的责权范围(见表6-4)。

表6-4 客房常见维修项目维修时间表

维修种类	常见及参照项目	维修时间
A类		10分钟
B类		20分钟
C类		30分钟
备注		

2. 原先的电话报修问题较多，改为书面报修，并制定了报修制度（见表6-2）。

3. 根据维修项目的轻重缓急及以往的维修经验，将客房常见维修项目分为三大类，规定所需维修时间。

4. 重新设计维修单，在维修单中注明维修所用材料（见表6-4）。

5. 制定维修质量标准，控制维修质量。以墙纸维修质量标准为例：

◆若墙纸不平，用石膏补平。

◆旧墙纸如能继续使用，补上即可。

◆旧墙纸如不能继续使用，从上到下换一张，修补后应无明显痕迹，1.5米以外看不到接口。

6. 建立部门之间的交叉培训制度，制订培训计划，对培训效果进行跟踪调查。规定楼层客房班组、PA组、洗衣房员工接受工程部的交叉培训，工程部负责客房维修的班组人员同样定期到客房部相关班组及岗位进行培训学习。

【案例评析】

1. 划清界限，才能永葆和平。分工是为了各班组（部门）更好地履行自己的职责、行使自己的权力，但分工不能分家，各个部门、班组、岗位、员工之间还需强化服务意识。

2. 客房工程报修采用口头与书面相结合的方式，既可避免口头沟通出错率较高的不足，又不耽搁急修。

3. 住客房维修的，客人询问维修所需时间时，客房服务员的回答通常是不确定的，"客房常见维修项目维修时间表"的制定，一是对工程部的维修效率起到一个制约作用，二是可以告知客人维修所需时间，提高客人的满意度。

4. 维修质量与费用往往是工程部说了算，客房部很难控制。该饭店实施新的客房维修制度后，第一个季度运行下来收效明显，客房维修费用比往年同期减少26%，同时，维修质量和效率得到了明显提高。

问答题

1. 联系实际工作，谈谈平行沟通的重要性。

2. 你所在班组需与哪些班组进行交叉培训？设计相应的培训计划。

3. 挤公交车时，当没上车前人们会想："往里挤、往里挤，不挤就上不去了"；一旦上车，人们的心态会立马来个180度大转变："别挤了，里面装不下了"。从挤公共汽车"挤上车后就改变态度"，谈谈换位思考在平行沟通中的重要性。

4. 什么是非正式渠道的沟通？非正式渠道有哪些？

5. 如何利用非正式渠道做好与同级之间的沟通工作？

6. 饭店服务的对象有哪些？你是如何理解内部顾客这一概念的？

7. 你是如何理解"顾客关系供应链"的？根据你所在的岗位制定一个"顾客关系供应链"并进行分析。

自我测试
评价标准：
非常不同意／非常不符合（1分）　　不同意／不符合（2分）
比较不同意／比较不符合（3分）　　比较同意／比较符合（4分）
同意／符合（5分）　　　　　　　　非常同意／非常符合（6分）

问题：
1. 我能根据不同对象的特点提供合适的建议或指导。
2. 当我劝告他人时，更注重帮助他们反思自身存在的问题。
3. 当我给他人提供反馈意见甚至是逆耳的意见时，能坚持诚实的态度。
4. 当我与他人讨论问题时，始终能就事论事，而非针对个人。
5. 当我批评或指出他人不足时，能以客观标准和预先期望为基础。
6. 当我纠正某人的行为后，我们的关系常能得到加强。
7. 在我与他人沟通时，我会激发出对方的自我价值和自尊意识。
8. 即使我并不赞同，我也能对他人观点表现出诚挚的兴趣。
9. 我不会对比我权力小或拥有信息少的人表现出高人一等的姿态。
10. 在同与自己有不同观点的人讨论时，我将努力找出双方的某些共同点。
11. 我的反馈是明确而直接指向问题关键的，避免泛泛而谈或含混不清。
12. 我能以平等的方式与对方沟通，避免在交谈中让对方感到被动。
13. 我以"我认为"而不是"他们认为"的方式表示对自己的观点负责。
14. 讨论问题时，我通常更关注自己对问题的理解，而不是直接提建议。
15. 我有意识地与同事和朋友进行定期或不定期的私人会谈。

自我评价：
如果你的总分是：
80～90分　你具有优秀的沟通技能。
70～79分　你略高于平均水平，有些地方尚待提高。
70分以下　你需要严格训练你的沟通技能。
选择得分最低的6项，作为技能学习提高的重点。

案例分析

洞房竟是标准间

一天，根据客史资料，销售部的小夏向曾在本饭店举办过婚宴的一对大学教师夫妇打去电话，告知饭店的一项优惠酬宾活动。当年的新郎姓徐，小夏根据徐先生当时在"大型宴会预订协议书"上留下的手机号码拨通了电话。小夏先自我介绍一番,然后问:"不知徐先生是否添了小孩?"徐先生大感不解:"什么意思?"小夏接着说:"是这样,凡在本饭店举办过婚宴的夫妇,假如有了小宝宝又愿意在本饭店办满月酒席的,我们将给予特别优惠。""哦,原来你们又是搞推销的。算了吧!当时在你们那里办婚宴差点没把我气昏。那天晚上酒宴散席后,我的亲戚朋友陪我们夫妇俩上饭店安排的免费'洞房',进门一看,简直不敢相信,给我们安排的居然是没有任何喜庆布置的两张单人床房间。这不明摆着要我们一结婚就分居吗?!至于要不要在你们那里办满月酒,我想就不麻烦你们了,对不起啦!"电话"啪"的一声挂断了。

经调查饭店才知道,原来当时餐饮部的宴会预订处一时忙得糊涂,没有及时将徐先生的免费洞房通知单开给前台,以致出现了前面所说的尴尬一幕。

问题:(1)分析本投诉案发生的原因。

(2)提出整改措施。

单元七

会议沟通

学习目标

掌握会议的种类、会议的要素,提高主持会议的技巧,提升会议质量。

学习内容

◆ 会议的种类

◆ 会前的准备工作

◆ 会议的主持

◆ 会后的结束工作

召开会议的主要目的就是解决问题,但由于管理者开会技巧不佳或会议过于频繁,有些会议不但无益于解决问题,反而使问题愈加复杂。员工花太多时间在无效率的会议上,不仅浪费企业成本,也造成工作效率低下。提高会议的效率且有效地解决问题,是督导必须要掌握的技巧。

会议沟通常见问题:

(1)会议过多

(2)会议目的不明确

(3)准备工作不充分

(4)会议时间、地点安排不当

(5)主持人缺乏主持技巧

(6)效率不高

一、明确会议目的

召开任何一种会议都有其目的性,明确会议的目的,有助于督导更好地开好每次会议。

1. 发布消息

这类会议往往是单向性的,在召开之前就已经做出了决定,督导只要告知与会人员相关的决定就行。

2. 下达指令

这类会议事先就已安排好各项工作，但下达指令时会询问与会者有什么问题。

3. 征询意见

这类会议的参加者往往是某一方面的专家。会议主持人会就某一问题征询与会者的意见，以求这一问题的解决。

4. 征求信息

这类会议应善于给与会者充分的时间和发言机会，以便收集更多的信息。

5. 进行决策

主要就某个问题做出决定，与会者往往各抒己见，以达成一致性的意见。

6. 例会

此类会议参加的人数相对固定，会议的时间、地点、议题也相对固定。若正常召开则无须通知，若取消会议则须提前通知。督导每天主持的班前（班后）会就属于此类会议。

二、做好会前准备

会议成功与否，在很大程度上取决于会前的准备工作是否充分。

1. 明确会议的议题

一个成功的会议必须有明确的议题，议题太多讨论不过来。一般议题不要超过三个。

2. 选择会议的时间、地点

（1）会议时间安排。很多管理者都不知道何时是开会的最好时机。许多重要的会都安排在周五下午开，或非要安排在事务繁忙的周一开。其实这两个时间都不太合适，会议一般应安排在周二至周四的上午或下午。

在会议具体时间上，由于饭店各部门工作（班次）时间不一，很难统一划定。以下是一些建议：

上午8~9点之间，正是员工从家到饭店，准备开始一天工作的时候。这个时候的员工心绪较混乱，还需一段时间才能进入工作状态。因此，除了班前会，其他会议尽量不要安排在这一时段。

上午9~10点之间，员工已经开始进入工作状态。在这个时间段最适合进行一对一的交流，同样也是进行会谈的最佳时机。

上午10~12点或下午1~3点之间，最适合调动员工集思广益。员工们可以利用头脑风暴，不断想出新点子、新方法。

下午3~5点之间，最好不要安排会议。这个时段的员工开始进入一天当中的倦怠期，人人都希望早点回家，在这个时段举行会议往往会事倍功半。

（2）会议地点安排。很多会议的地点设在管理者的办公室，会议会被频繁打断，无法正常进行，此外，员工也有心理障碍，不利于畅所欲言。一般会议的地点应尽量安排在一个封闭的会议室内，而且最好围着圆桌进行。班前（班后）会则可在员工工作区域如楼层工作间召开。有些洋快餐餐厅和社会餐馆将班前（班后）会的地点放在店门外开，为的是展示其社会形象。

3. 准备好会场

会场的布置形式对人们的心理有很大的影响，如室温、光线、通风、桌子的形状、座位的安排等。

4. 拟定并分发会议议程表

开会同样讲求计划性，会前应拟定会议议程表并分发给有关人员，以保证会议顺利进行。

表 7-1　会议议程表

1. 日期、时间	会议日期：　　　月　　　日　　　星期 开始时间： 预计结束时间：
2. 会议地点	
3. 参会人员	
4. 确定议题及议程	议题1　　　　　（时间） 议题2　　　　　（时间） 议题3　　　　　（时间）
5. 会议相关文件与资料	议题1 议题2 议题3
6. 事先通知与联络	确认人员出席情况 确认参会者了解会议议题、议程，必要时提供相关资料 收集参会者会议要求与相关文件资料

三、提高主持会议的技巧

1. 把握会议的开场

与会者到达会场后，注意力还不可能马上集中到主持人身上。他们有的可能在考虑自己的事情，有的可能三三两两聚在一起闲谈。这时主持人不应立刻开始会议，而应精神饱满地坐在那里，面带微笑，用目光和与会者打招呼，最后环视一下整个会场，宣布会议开始。在做了必要的介绍之后，主持人应向与会人员讲清开会的目的、预期效果、会议结束的时间、基本规则、会议议程等。

需要注意的是，会议要准时召开。"八点开会九点到"，这句顺口溜道出了我们会议不守时、不准时的通病。开会时间一定要准时，督导自己也必须养成准时参加会议的好习惯。

2. 引导讨论、控制会议的进程

（1）主持人要不断引导与会者按议题逐项进行讨论，并明确讨论的目的、要点及范围，以免讨论走题。

（2）如果会上不能得出讨论结果，主持人要及时做出"会后再议"的决定。

（3）及时制止扰乱会议的任何情况，如言辞不礼貌等。

（4）主持人要有良好的体态语言，坐正、身体稍前倾、精神饱满、双目注视发言者。讲话声音要洪亮，有感染力和威慑力。

（5）适时宣布散会。

3. 结束会议

会议结束时，主持人应重申会议的目的，简要归纳、总结讨论结果。

4. 重视会后工作

"议而不决，决而不行"是会议效率不高、执行力度不到位的真实写照，如何让会议真正落在实处，建立会后的跟踪制度是很有必要的。

5. 做好会议纪要

表 7-2　会议纪要样本

会议名称：					
会议地点：					
会议时间：	年　月　日　时　分至　时　分				
主持人：					
参加者：					
缺席者：					
记录人：					
序号	决议	执行人	完成时间	检查人	检查结果
抄送： 签发人：　　年　月　日					

"会议的成果，凝结在会议纪要的决议中"。会议应安排人整理会议纪要。会

议纪要一定要有执行人和完成时间，由主持人签发。

会议结束两至三天后，所有参会者应收到会议记录。管理者应安排相关人员对会议纪要中的决议（工作任务）进行跟踪检查，真正做到议而决、决而行、行而果。

四、召开班前会

班前会是饭店基层管理者落实饭店各项工作任务的重要环节，饭店相关政策、制度、工作都要通过逐级落实传达给员工。班前会通常由领班或者督导主持召开，它是督导每天工作起始时与员工的第一次正式沟通，班前会开得质量好坏，对员工当天的工作状态、工作完成情况会产生直接的影响。一些饭店虽然班班都在开班前会，但形式与内容不够完善，存在"三多三少"现象，即：安排工作多，讲质量少；批评指责多，表扬肯定少；讲老话套话多，培训指导少。如何主持召开班前会、提高班前会质量，是基层管理者必修的一门功课。

1. 班前会的目标

班前会通常时间较短，一般为10~15分钟，由各个督导根据具体情况灵活掌握。督导召开班前会时需突出重点，主要围绕三个主题：一是布置任务，二是评析质量，三是培训员工。布置任务：做到工作任务目标明确，员工对干什么、怎么干、干到什么标准，明明白白，清清楚楚；评析质量：通过服务案例的讲解评析，提高员工服务质量；培训员工：通过一天学一题，一月一考试，提高员工的业务技能水平。

2. 班前会程序

（1）列队点名。班前会前，所有参会人员应列横队，按饭店站姿要求站好。具体要求是：脚跟并拢，脚尖分开呈60度，挺胸、收腹、腰直、肩平，面带笑容，双臂在体前交叉、两手相扣，督导正向面对员工点名。

（2）检查仪表仪容。督导应从关心员工、爱护员工的角度出发，进行班前仪容仪表、精神面貌检查。检查时，除了遵照饭店仪容仪表规范外，督导还需做到察言观色，观察当天来上班、前一天休息或请假的员工是否休息好、班前是否有人饮酒、员工身体是否不适、情绪是否波动等，确保出勤的员工精神饱满、心情舒畅。

（3）总结表扬。通报上一班工作完成情况，对上一班工作现场情况进行总结，先表扬、鼓励在上一班工作中表现突出的员工，再对出现的问题或可能存在的隐患进行点评、解析，提出应急措施和整改办法。

（4）布置任务。简要传达饭店有关文件或会议精神，详细布置当班工作，明确本班要完成的工作指标并落实到人头，分析完成工作任务的有利条件和不利因素，增强当班员工完成工作任务的信心和决心。

（5）评析质量。根据当班工作任务和服务现场的实际情况，针对相关服务环节及操作点应注意的事项逐项讲清、讲透，并列举服务案例，培养员工规范化、个性化的服务意识。

（6）培训员工。根据部门总体安排和本班组的实际情况确定"每日一题"的培训内容并做详细记录。讲解"每日一题"时，督导紧密联系工作实际，由浅入深，由表及里，讲解透彻。讲完后，可以当场抽考提问，了解员工掌握情况，做到讲一题，就让员工理解一题、掌握一题。

【例7-1】

某饭店客房部的班前会

1. 教员工学英语

随着饭店业竞争的日益加剧，提高员工英语会话能力势在必行。"每日一句英语"早已成为客房部班前会的一个抽查项目。客房部文员每天都会在办公室的白板上认真写上一句酒店常用英语，要求员工必须掌握，第二天的班前会上由主管进行抽查。其目的就是要提高员工的英语水平，更好地为客人服务。

2. 检查员工的仪容仪表

对仪容仪表不合格的员工提出批评指正。在客房部办公室里悬挂一面镜子，专供员工整理仪容仪表时用。要求员工班前面对镜子整理仪容仪表，并对着镜子自信地说："我是最美的"。办公室还备有眉笔、指甲剪等方便员工使用，其用意在于引起员工对仪容仪表的重视，把良好的精神风貌展现在客人面前，让客人看到的永远是员工最美最好的一面。

3. 强调每天应注意的事项

主管在班前会上简单强调每天应注意的一些事项。如，房间卫生清洁需注意的几个重点，或对客服务的技巧、处理问题的方法等。强调注意事项时，主管应保持平和的语气，这样会使气氛显得很轻松。因为清晨是美好一天的开始，要让员工有一个良好的心情投入到一天的工作中，员工才可能对主管强调的注意事项记得更清楚。

员工的服务水平经过每日班前会的熏陶，会有很大程度的提高。

典型案例

联想的会议制度

联想集团规定：开会不准迟到，如果迟到的时间大于等于5分钟，与会者就不用参加会议了；如果小于5分钟，那么迟几分钟就在门外站几分钟然后再进来开会。正好有一天柳传志迟到了，他迟到的时间大概是三四分钟，于是，柳传志按照规定站在门口，直到站够了规定的时间才走进会议室。

【案例评析】

正人首先要正己,试想连公司的老总都能以身作则,其他员工又怎么能不遵守制度呢?

问答题

1. 会议的种类有哪些?如何根据不同的会议种类组织安排会议?
2. 什么是例会?例会有什么特点?
3. 分析你所在部门会议效率不高的原因并提出改进措施。
4. 如何提高班前(后)会议效率?会议结束后请参会者评判自己的会议主持技巧。
5. 主持一个质量分析会,会议结束后请参会者评判自己的会议主持技巧,分析不足,加以改进。
6. 写出常见的会场布置方法及其适合的会议类型。
7. 举办一次小组讨论会,明确议题、拟订议程,确定参会者、会议时间及地点。

自我测试

评价标准:

非常不同意/非常不符合(1分)　　不同意/不符合(2分)
比较不同意/比较不符合(3分)　　比较同意/比较符合(4分)
同意/符合(5分)　　　　　　　　非常同意/非常符合(6分)

问题:

1. 你所在饭店是否存在会议效率不高的问题?
□ 是　　□ 否
2. 如果存在,请从下列选项中选出符合你所在企业实际情况的选项,并提出改进意见。

存在问题	是否存在	改进意见
主持人毫无影响力	□是 □否	
会议地点的布局让人很有压迫感	□是 □否	
会前准备不足,会议议题让人不明所以然	□是 □否	
会议总是选在午餐时间进行	□是 □否	

自我评价:

如果你的总分是:

80~90分　你具有优秀的会议沟通技能。

70~79分　你略高于平均水平,有些地方尚待提高。

70分以下　你需要严格训练你的沟通技能。

选择得分最低的6项,作为技能学习提高的重点。

学后能力自测

在开始"沟通技巧"这门专项技能课的学习前,请先回答下列问题,测评自己的沟通技巧。选择与自己经历最相近的答案:"从不"选 A,"有时"选 B,"经常"选 C,"总是"选 D。

评价标准:
非常不同意 / 非常不符合(1分)　　不同意 / 不符合(2分)
比较不同意 / 比较不符合(3分)　　比较同意 / 比较符合(4分)
同意 / 符合(5分)　　　　　　　　非常同意 / 非常符合(6分)

测试题:
1. 我经常与他人交流,获取关于自己优缺点的信息,以不断改进提高。
2. 当别人给我提反面意见时,我不会感到生气或沮丧。
3. 我非常乐意向他人开放自我,与他人共享自己的感受。
4. 我很清楚自己在收集信息和做决定时的个人风格。
5. 发送信息时我会根据信息的内容选择合适的通道。
6. 在处理不明确或不确定的问题时,我有较好的直觉。
7. 我在沟通中经常使用反馈,以避免对信息的误解或理解不准确。
8. 无论在工作中还是在生活中,我都保持良好积极的心态。
9. 在没有弄清楚原因之前,我极少会感到生气、沮丧或是焦虑。
10. 我清楚自己与他人交往时最可能出现的冲突和摩擦的原因。
11. 我很清楚自己的沟通风格,并不断改进。
12. 我尽可能用培训的方式下达工作指令。
13. 我与他人进行沟通时,会尽可能考虑其参照系。
14. 我坚持一周有一个只属于自己的时间和空间去思考问题。
15. 我在表达时,努力做到确切、简明、扼要和完整。
16. 在每次沟通时,我总是听主要的看法和事实。
17. 我与我的同事保持良好的合作关系。
18. 在听的同时,我努力深入地思考讲话者所说内容的逻辑和理性。

19. 即使我认为所听到的内容有错误,仍能说服自己继续听下去。
20. 当我在评论、回答或不同意他人观点之前,总是尽量做到用心思考。

自我评价:

将你的得分与三个标准进行比较:

1. 比较你的得分与最大可能得分的差距(120)。
2. 比较你的得分与班组其他人的得分。
3. 比较你的得分与班组其他人组成的标准群体的得分。

在与标准群体比较时,如果你的得分是:

100 分或更高　　在最高的 1/4 群体中,你具有优秀的沟通技能。
92~99 分　　　　在次高的 1/4 群体中,你具有良好的自我沟通技能。
85~91 分　　　　你的自我沟通技能较好,但有较多地方需要提高。
84 分或更少　　 你尚需要严格地训练以提高自己的沟通技能。

附录：专业用语

1. 沟通。指任何一种信息、思想和情感的传递和交换过程。

2. 参照系。指每个人各自的文化背景、教育程度、经历、经验、智力水平、态度、观点、价值观、偏见、感觉、期望、情绪、语言能力等。参照系会影响每一次沟通效果。

3. 反馈。反馈是指接收者将收到并理解了的信息返送给发送者，以便发送者及时核实接收者是否正确理解了信息。

4. 心理背景。指沟通双方的情绪和态度。它包含两方面的内容：一是沟通者自己的心情、情绪，二是沟通者对对方的感受和态度。

5. 乔哈瑞视窗。乔哈瑞理论是诊断沟通风格的基本前提。美国心理学家 Joe Lufthe 和 Harry Ingram 从自我概念的角度对人际沟通进行了深入研究，将人际沟通划分为四个区域，即开放区域、盲目区域、隐秘区域和未知区域，人们将此理论也称为"乔哈瑞视窗"。

6. 情绪智商。情绪智商简称情商。基本含义为：（1）认识自己的情绪。（2）妥善控制情绪。（3）自我激励。（4）认知他人的情绪。

7. 体态语言。指动作、手势、表情等。

8. 自我形象。自我形象来源于自尊，即每个人如何看待自己，比如是有能力的还是无能的，是成功的还是失败的，是乐观的还是悲观的……

9. 自尊。指每个人所具有的人生价值和期望，是自我满足程度的体现。

10. 交叉培训。指员工在做好本职工作的基础上，通过参加培训学习其他岗位的业务技能。交叉培训是理解、沟通、合作的良好途径。

11. 内部顾客。任何接受服务的人都称为顾客，通常将顾客分为外部顾客与内部顾客。外部顾客即宾客，内部顾客就是每个人的下级、上级、同事或另一个部门的同事。

12. 顾客关系供应链。饭店服务与管理存在无数的顾客关系供应链，在供应链上的每一个环节都是上一个环节的服务对象，每一个环节都应将上一个环节的同事视为内部宾客提供最优质的服务，这样一环连一环到最上端的环节——外部顾客，才有可能使外部顾客享受到最优质的服务。

参考资料

[1]（澳）阿伦·皮斯.身体语言［M］.贾宗谊，卢爱军，译.北京：新华出版社，2002.

[2]（美）切尔托.督导管理原理与技能训练［M］.顾琴轩，译.北京：机械工业出版社，2007.

[3]余世维.有效沟通2版［M］.北京：北京联合出版公司，2012.

[4]苏勇，罗殿军.管理沟通［M］.上海：复旦大学出版社，2005.

[5]王红星.卡耐基沟通的艺术与处世智慧［M］.北京.中国华侨出版社，2012.

[6]海尔集团企业文化中心.海尔员工画与话：让每个人成为自己的CEO［M］.北京：机械工业出版社，2013.

[7]张迪.有效沟通与团队合作［M］.上海：上海交通大学出版社，2017.

[8]（日）荒木真理子.孙律.译.10秒沟通［M］.北京：北京联合出版公司，2018.

[9]胡慎之.高情商沟通术［M］.杭州：浙江大学出版社，2018.

[10]盛安之.沟通的艺术［M］.南昌：江西美术出版社，2017.

[11]周一南.超级沟通力［M］.北京：中华工商联合出版社，2017.

[12]康青.管理沟通4版［M］.北京：中国人民大学出版社，2015.

[13]边文霞.有效沟通［M］.北京：机械工业出版社，2014.

[14] http：//chgyu1968.blog.163.com/ 余昌国的博客

[15] https：//wenku.baidu.com/ 百度文库

[16] https：//www.meadin.com/ 迈点旅游及大住宿业门户

[17] http：//xuewen.cnki.net/Default.aspx

[18] http：//www.chinahotel.org.cn/forward/enterHome.do

[19] http：//www.docin.com/p-2049088106.html/ 豆丁网

后　记

沟通是一切成功的源泉！

管理就是沟通、沟通，再沟通！

人类每天都在与他人进行不同形式的沟通，不管是有意识的还是无意识的。在醒着的时候，我们有70%的时间用于发出或收集信息——说话、打电话、开会、倾听、发电子邮件、书写、阅读，等等。

美国著名学府普林斯顿大学对1万份人事档案进行分析后发现，"智慧""专业技术"和"经验"只占成功因素的25%，其余75%决定于良好的人际沟通。人际矛盾产生的原因，大多数都可归为"沟通不畅"。哈佛大学就业指导小组1995年的调查结果显示，在500名被解职的男女中，因人际沟通不良而导致工作不称职者占82%。有哲人说过：人生的美好，就是人情的美好；人生的丰富，就是人际关系的丰富；人生的成功，便是人际沟通的成功。

对于组织来说，"沟通就像人体中的血液"，同样也是非常重要的。在组织中，如果没有沟通的话，整个组织简直不能运作。管理大师松下幸之助给管理下的定义很简单："企业管理过去是沟通，现在是沟通，未来还是沟通。"专家研究表明，优秀经理70%以上的时间都用在了沟通上。管理者所做的每件事中都包含着沟通。注意，不是一些事情，而是每一件事！没有信息就不可能做出决策，而信息往往需要通过沟通才能得到。而一旦做出决策，又要进行沟通，否则，将没有人知道决策已经做出。最好的想法、最有创见的建议、最优秀的计划，不通过沟通都无法实施。因此，管理者需要掌握有效的沟通技巧。当然，这并不是说，仅拥有好的沟通技巧就能成为成功的管理者，但是我们完全可以说，低效的沟通技巧会使管理者陷入无穷的问题与困境之中。

就管理层次来说，督导层的领班主管处于饭店管理的最基层，直接面向员工和宾客，他们对员工进行督导管理，起着承上启下的作用。他们既是信息的发出者，又是信息的接收者。一方面，督导必须理解上级传达的信息，以很好地执行上级的指令、贯彻饭店的决策；另一方面，督导必须与其他督导沟通协调工作。更为重要的是，督导还要与其所督导的员工成功地进行沟通。督导还要经常在一线负责对客服务，与客人建立良好的客户关系。可以说，督导几乎每时每刻都要面临沟通问题。

英国作家萧伯纳很形象地说：如果你有一个苹果，我有一个苹果，彼此交换，那么每人只有一个苹果；如果你有一种思想，我有一种思想，彼此交换，每个人就有了两种甚至多于两种的思想。

不论你是一名普通员工，还是一名管理者，都要有良好的沟通能力。怎样与他人有效沟通，如何提高自己的沟通能力？作为未来的职业经理人，应该如何理解沟通？在实践中又该怎样去有意识地提高自己的沟通技巧？这些已成为所有期待成功的人士共同关心的话题。

本书围绕着现代饭店主管、领班应具备的沟通知识、沟通技能展开写作，以目前饭店督导层在沟通中存在的共性问题为切入点，选择典型案例进行剖析，提出解决问题的方法和预防的措施，知识点突出，事例丰富，案例翔实，内容实用，富有启发性和参考价值。

本教材在编写及使用中，得到了作者所在单位南京旅游职业学院领导、酒店管理学院、旅游管理学院等院系领导及同仁的大力支持与帮助，在此对他们表示衷心的感谢。

教材还参考了相关著述、文献及图片资料，在此向相关作者一并表示感谢！

编　者